VICTOR HUGO

LES FEUILLES D'AUTOMNE

LES CHANTS DU CRÉPUSCULE

COLLECTION HETZEL

PARIS
LIBRAIRIE DE L. HACHETTE ET Cie
RUE PIERRE-SARRAZIN, N° 14

1858
Droit de traduction réservé

NOCES ET FESTINS.

LES
FEUILLES D'AUTOMNE

Le moment politique est grave : personne ne le conteste, et l'auteur de ce livre moins que personne. Au dedans, toutes les solutions sociales remises en question; toutes les membrures du corps politique tordues, refondues ou reforgées, dans la fournaise d'une révolution, sur l'enclume sonore des journaux; le vieux mot *pairie*, jadis presque aussi reluisant que le mot *royauté*, qui se transforme et change de sens; le retentissement perpétuel de la tribune sur la presse et de la presse sur la tribune; l'émeute, qui fait la morte. Au dehors, çà et là, sur la face de l'Europe, des peuples tout entiers qu'on assassine, qu'on déporte en masse ou qu'on met aux fers; l'Irlande dont on fait un cimetière, l'Italie dont on fait un bagne, la Sibérie qu'on peuple avec la Pologne; partout d'ailleurs, dans les Etats même les plus paisibles, quelque chose de vermoulu qui se disloque, et, pour les oreilles attentives, le bruit sourd que font les révolutions, encore enfouies dans la sape, en poussant sous tous les royaumes de l'Europe leurs galeries souterraines, ramification de la grande révolution centrale dont le cratère est Paris. Enfin, au dehors comme au dedans, les croyances en lutte, les consciences en travail ; de nouvelles religions, chose sérieuse ! qui bégayent des formules, mauvaises d'un côté, bonnes de l'autre ; les vieilles religions qui font peau neuve ; Rome, la cité de la foi, qui va se redresser peut-être à la hauteur de Paris, la cité de l'intelligence ; les théories, les imaginations et les systèmes aux prises de toutes parts avec le vrai ; la question de l'avenir déjà explorée et sondée comme celle du passé. Voilà où nous en sommes au mois de novembre 1831.

Sans doute, en un pareil moment, au milieu d'un si orageux conflit de toutes les choses et de tous les hommes, en présence de ce concile tumultueux de toutes les idées, de toutes les croyances, de toutes les erreurs, occupées à rédiger et à débattre en discussion publique la formule de l'humanité au dix-neuvième siècle, c'est folie de publier un volume de pauvres vers désintéressés. Folie ! pourquoi ?

L'art, et l'auteur de ce livre n'a jamais varié dans cette pensée, l'art a sa loi, qu'il suit, comme le reste a la sienne. Parce que la terre tremble, est-ce une raison pour qu'il ne marche pas ? Voyez le seizième siècle : c'est une immense époque pour la société humaine, mais c'est une immense époque pour l'art. C'est le passage de l'unité religieuse et politique à la liberté de conscience et de cité, de l'orthodoxie au schisme, de la discipline à l'examen, de la grande synthèse sacerdotale qui a fait le moyen âge à l'analyse philosophique qui va le dissoudre ; c'est tout cela ; et c'est aussi le tournant, magnifique et éblouissant de perspectives sans nombre, de l'art gothique à l'art classique. Ce n'est partout, sur le sol de la vieille Europe, que guerres religieuses, guerres civiles, guerres pour un dogme, guerres pour un sacrement, guerres pour une idée, de peuple à peuple, de roi à roi, d'homme à homme ; que cliquetis d'épées toujours tirées et de docteurs toujours irrités ; que commotions politiques, que chutes et écroulements des choses anciennes, que bruyant et sonore avénement des nouveautés ; en même temps, ce n'est dans l'art que chefs-d'œuvre. On convoque la diète de Worms, mais on peint la chapelle Sixtine. Il y a Luther, mais il y a Michel-Ange.

Ce n'est donc pas une raison, parce que aujourd'hui d'autres vieilleries croulent à leur tour autour de nous, et remarquons en passant que Luther est dans les vieilleries et que Michel-Ange n'y est pas, ce n'est pas une raison, parce qu'à leur tour aussi d'autres nouveautés surgissent dans ces décombres, pour que l'art, cette chose éternelle, ne continue pas de verdoyer et de florir entre la ruine d'une société qui n'est plus et l'ébauche d'une société qui n'est pas encore.

Parce que la tribune aux harangues regorge de Démosthènes, parce que les rostres sont encombrés de Cicérons, parce que nous avons trop de Mirabeaux, ce n'est pas une raison pour que nous n'ayons pas, dans quelque coin obscur, un poëte.

Il est donc tout simple, quel que soit le tumulte de la place publique, que l'art persiste, que l'art s'entête, que l'art se reste fidèle à lui-même, *tenax propositi*. Car la poésie ne s'adresse pas seulement au sujet de telle monarchie, au sénateur de telle oligarchie, au citoyen de telle république, au natif de telle nation ; elle s'adresse à l'homme, à l'homme tout entier. A l'adolescent, elle parle de l'amour ; au père, de la famille ; au vieillard, du passé ; et, quoi qu'on fasse, quelles que soient les révolutions futures, soit qu'elles prennent les sociétés caduques aux entrailles, soit qu'elles leur écorchent seulement l'épiderme, à travers tous les changements politiques possibles, il y aura toujours des enfants, des mères, des jeunes filles, des vieillards, des hommes enfin, qui aimeront, qui se réjouiront, qui souffriront. C'est à eux que va la poésie. Les révolutions, ces glorieux changements d'âge de l'humanité, les révolutions transforment tout, excepté le cœur humain. Le cœur humain est comme la terre; on peut semer, on peut planter, on peut bâtir ce qu'on veut à sa surface; mais il n'en continuera pas moins à produire ses verdures, ses fleurs, ses fruits naturels; mais jamais pioches ni sondes ne le troubleront à de certaines profondeurs; mais, de même qu'elle sera toujours la terre, il sera toujours le cœur humain : la base de l'art, comme elle de la nature.

Pour que l'art fût détruit, il faudrait donc commencer par détruire le cœur humain.

Ici se présente une objection d'une autre espèce : — sans contredit, dans le moment même le plus critique d'une crise politique, un pur ouvrage d'art peut apparaître à l'horizon; mais toutes les passions, toutes les attentions, toutes les intelligences ne seront-elles pas trop absorbées par l'œuvre sociale qu'elles élaborent en commun, pour que le lever de cette sereine étoile de poésie fasse tourner les yeux à la foule? — Ceci n'est plus qu'une question de second ordre, la question de succès; la question du libraire et non du poëte. Le fait répond d'ordinaire oui ou non aux questions de ce genre, et, au fond, il importe peu. Sans doute il y a des moments où les affaires matérielles de la société vont mal, où le courant ne les porte pas; où, accrochées à tous les accidents politiques qui se rencontrent chemin faisant, elles se gênent, s'engorgent, se barrent et s'embarrassent les unes dans les autres. Mais qu'est-ce que cela fait? D'ailleurs, parce que le vent, comme on dit, n'est pas à la poésie, ce n'est pas un motif pour que la poésie ne prenne pas son vol. Tout au contraire des vaisseaux, les oiseaux ne volent bien que contre le vent. Or la poésie tient de l'oiseau. *Musa ales*, dit un ancien.

Et c'est pour cela même qu'elle est plus belle et plus forte, risquée au milieu des orages politiques. Quand on sent la poésie d'une certaine façon, on l'aime mieux habitant la montagne et la ruine, planant sur l'avalanche, bâtissant son aire dans la tempête, qu'en fuite vers un perpétuel printemps. On l'aime mieux aigle qu'hirondelle.

Hâtons-nous de déclarer ici, car il en est peut-être temps, que dans tout ce que l'auteur de ce livre vient de dire pour expliquer l'opportunité d'un volume de véritable poésie qui apparaîtrait dans un moment où il y a tant de prose dans les esprits, et à cause de cette prose même, il est très-loin d'avoir voulu faire la moindre allusion à son propre ouvrage. Il en sent l'insuffisance et l'indigence tout le premier. L'artiste, comme l'auteur le comprend, qui prouve la vitalité de l'art au milieu d'une révolution, le poëte qui fait acte de poésie entre deux émeutes, est un grand homme, un génie, un œil, ὀφθαλμος, comme dit admirablement la métaphore grecque. L'auteur n'a jamais prétendu à la splendeur de ces titres, au-dessus desquels il n'y a rien. Non; s'il publie dans ce mois de novembre 1831 les *Feuilles d'automne*, c'est [que le contraste entre la tranquillité de ces vers et l'agitation fébrile des esprits lui a paru curieux à voir au grand jour. Il ressent, en abandonnant ce livre inutile au flot populaire, qui emporte tant d'autres choses meilleures, un peu de ce mélancolique plaisir qu'on éprouve à jeter une fleur dans un torrent, et à voir ce qu'elle devient.

Qu'on lui passe une image un peu ambitieuse, le volcan d'une révolution était ouvert devant ses yeux. Le volcan l'a tenté. Il s'y précipite. Il sait fort bien du reste qu'Empédocle n'est pas un grand homme, et qu'il n'est resté de lui que sa chaussure.

Il laisse donc aller ce livre à sa destinée, quelle qu'elle soit, *liber, ibis in urbem*, et demain il se tournera d'un autre côté. Qu'est-ce d'ailleurs que ces pages qu'il livre ainsi, au hasard, au premier vent qui en voudra? Des feuilles tombées, des feuilles mortes, comme toutes feuilles d'automne. Ce n'est point là de la poésie de tumulte et de bruit; ce sont des vers sereins et paisibles, des vers comme tout le monde en fait ou en rêve, des vers de la famille, du foyer domestique, de la vie privée; des vers de l'intérieur de l'âme. C'est un regard mélancolique et résigné, jeté çà et là sur ce qui est, surtout sur ce qui a été. C'est l'écho de ces pensées, souvent inexprimables, qu'éveillent confusément dans notre esprit les mille objets de la création qui souffrent ou qui languissent autour de nous, une fleur qui s'en va, une étoile qui tombe, un soleil qui se couche, une église sans toit, une rue pleine d'herbe; ou l'arrivée imprévue d'un ami de collége presque oublié, quoique toujours aimé dans un repli obscur du cœur; ou la contemplation de ces hommes à volonté forte qui brisent le destin ou se font briser par lui; ou le passage d'un de ces êtres faibles qui ignorent l'avenir, tantôt un enfant, tantôt un roi. Ce sont enfin, sur la vanité des projets et des espérances, sur l'amour à vingt ans, sur l'amour à trente ans, sur ce qu'il y a de triste dans le bonheur, sur cette infinité de choses douloureuses dont se composent nos années, ce sont de ces élégies comme le cœur du poëte en laisse sans cesse écouler par toutes les fêlures que lui font les secousses de la vie. Il y a deux mille ans que Térence disait:

>Plenus rimarum sum; hâc atque illâc
>Perfluo.

C'est maintenant le lieu de répondre à la question des personnes qui ont bien voulu demander à l'auteur si les deux ou trois odes inspirées par les événements contemporains, qu'il a publiées à différentes époques depuis dix-huit mois, seraient comprises dans les *Feuilles d'automne*. Non, il n'y a point ici place pour cette poésie qu'on appelle politique et qu'il voudrait qu'on appelât historique. Ces poésies véhémentes et passionnées auraient troublé le calme et l'unité de ce volume. Elles font d'ailleurs partie d'un recueil de poésie politique que l'auteur tient en réserve. Il attend pour le publier un moment plus littéraire.

Ce que sera ce recueil, quelles sympathies et quelles antipathies l'inspireront, on peut en juger, si l'on en est curieux, par la pièce XL du livre que nous mettons au jour. Cependant, dans la position indépendante, désintéressée et laborieuse où l'auteur a voulu rester, dégagé de toute haine comme de toute reconnaissance politique, ne devant rien à aucun de ceux qui sont puissants aujourd'hui, prêt à se laisser reprendre tout ce qu'on aurait pu lui laisser par indifférence ou par oubli, il croit avoir le droit de dire d'avance que ses vers seront ceux d'un homme honnête, simple et sérieux, qui veut toute liberté, toute amélioration, tout progrès, et en même temps toute précaution, tout ménagement, toute mesure ; qui n'a plus, il est vrai, la même opinion qu'il y a dix ans sur ces choses variables qui constituent les questions politiques ; mais qui, dans ses changements de conviction, s'est toujours laissé conseiller par sa conscience, jamais par son intérêt. Il répétera en outre ici ce qu'il a déjà dit ailleurs (1), et ce qu'il ne se lassera jamais de dire et de prouver : que, quelle que soit sa partialité passionnée pour les peuples dans l'immense querelle qui s'agite au dix-neuvième siècle entre eux et les rois, jamais il n'oubliera quelles ont été les opinions, les crédulités et même les

(1) Préface de *Marion Delorme*.

erreurs de sa première jeunesse. Il n'attendra jamais qu'on lui rappelle qu'il a été, à dix-sept ans, stuartiste, jacobite et cavalier; qu'il a presque aimé la Vendée avant la France; que si son père a été un des premiers volontaires de la grande République, sa mère, pauvre fille de quinze ans, en fuite à travers le Bocage, a été une *brigande,* comme madame de Bonchamps et madame de la Rochejaquelein. Il n'insultera pas la race tombée, parce qu'il est de ceux qui ont eu foi en elle, et qui, chacun pour sa part et selon son importance, avaient cru pouvoir répondre d'elle à la France. D'ailleurs, quelles que soient les fautes, quels que soient même les crimes, c'est le cas, plus que jamais, de prononcer le nom de Bourbon avec précaution, gravité et respect, maintenant que le vieillard qui a été le roi n'a plus sur la tête que des cheveux blancs.

Paris. 20 novembre 1831.

LES
FEUILLES D'AUTOMNE

I

Data fata secutus.
DEVISE DES SAINT-JOHN.

Ce siècle avait deux ans! Rome remplaçait Sparte,
Déjà Napoléon perçait sous Bonaparte,
Et du premier consul déjà, par maint endroit,
Le front de l'empereur brisait le masque étroit.
Alors dans Besançon, vieille ville espagnole,
Jeté comme la graine au gré de l'air qui vole,
Naquit d'un sang breton et lorrain à la fois
Un enfant sans couleur, sans regard et sans voix;
Si débile, qu'il fut, ainsi qu'une chimère,
Abandonné de tous, excepté de sa mère,
Et que son cou, ployé comme un faible roseau,
Fit faire en même temps sa bière et son berceau.
Cet enfant que la vie effaçait de son livre,
Et qui n'avait pas même un lendemain à vivre,
C'est moi. —

   Je vous dirai peut-être quelque jour
Quel lait pur, que de soins, que de vœux, que d'amour,

Prodigués pour ma vie en naissant condamnée,
M'ont fait deux fois l'enfant de ma mère obstinée,
Ange qui sur trois fils attachés à ses pas
Epandait son amour et ne mesurait pas !

O l'amour d'une mère ! — amour que nul n'oublie !
Pain merveilleux qu'un Dieu partage et multiplie !
Table toujours servie au paternel foyer !
Chacun en a sa part, et tous l'ont tout entier !
Je pourrai dire un jour, lorsque la nuit douteuse
Fera parler les soirs ma vieillesse conteuse,
Comment ce haut destin de gloire et de terreur
Qui remuait le monde aux pas de l'empereur,
Dans son souffle orageux m'emportant sans défense
A tous les vents de l'air fit flotter mon enfance
Car, lorsque l'aquilon bat ses flots palpitants,
L'océan convulsif tourmente en même temps
Le navire à trois ponts qui tonne avec l'orage,
Et la feuille échappée aux arbres du rivage !

Maintenant jeune encore et souvent éprouvé,
J'ai plus d'un souvenir profondément gravé,
Et l'on peut distinguer bien des choses passées
Dans ces plis de mon front que creusent mes pensées.
Certes, plus d'un vieillard sans flamme et sans cheveux,
Tombé de lassitude au bout de tous ses vœux,
Pâlirait s'il voyait, comme un gouffre dans l'onde,
Mon âme où ma pensée habite comme un monde,
Tout ce que j'ai souffert, tout ce que j'ai tenté,
Tout ce qui m'a menti comme un fruit avorté,
Mon plus beau temps passé sans espoir qu'il renaisse,
Les amours, les travaux, les deuils de ma jeunesse,
Et, quoiqu'encore à l'âge où l'avenir sourit,
Le livre de mon cœur à toute page écrit !

Si parfois de mon sein s'envolent mes pensées,
Mes chansons par le monde en lambeaux dispersées,
S'il me plait de cacher l'amour et la douleur
Dans le coin d'un roman ironique et railleur;
Si j'ébranle la scène avec ma fantaisie;
Si j'entrechoque aux yeux d'une foule choisie
D'autres hommes comme eux, vivant tous à la fois
De mon souffle et parlant au peuple avec ma voix;
Si ma tête, fournaise où mon esprit s'allume,
Jette le vers d'airain qui bouillonne et qui fume
Dans le rhythme profond, moule mystérieux
D'où sort la strophe ouvrant ses ailes dans les cieux;
C'est que l'amour, la tombe, et la gloire, et la vie,
L'onde qui fuit, par l'onde incessamment suivie,
Tout souffle, tout rayon, ou propice ou fatal,
Fait reluire et vibrer mon âme de cristal,
Mon âme aux mille voix, que le Dieu que j'adore
Mit au centre de tout comme un écho sonore!

D'ailleurs j'ai purement passé les jours mauvais,
Et je sais d'où je viens si j'ignore où je vais.
L'orage des partis avec son vent de flamme
Sans en altérer l'onde a remué mon âme;
Rien d'immonde en mon cœur, pas de limon impur
Qui n'attendit qu'un vent pour en troubler l'azur!

Après avoir chanté, j'écoute et je contemple,
A l'empereur tombé dressant dans l'ombre un temple,
Aimant la liberté pour ses fruits, pour ses fleurs,
Le trône pour son droit, le roi pour ses malheurs,
Fidèle enfin au sang qu'ont versé dans ma veine
Mon père vieux soldat, ma mère Vendéenne!

  Juin 1830.

II

Lyrnessi domus alta, solo Laurente sepulcrum.
VIRGILE.

A MONSIEUR LOUIS B.

Louis, quand vous irez, dans un de vos voyages,
Voir Bordeaux, Pau, Bayonne et ses charmants rivages,
Toulouse la romaine, où dans des jours meilleurs
J'ai cueilli tout enfant la poésie en fleurs,
Passez par Blois. — Et là, bien volontiers sans doute,
Laissez dans le logis vos compagnons de route,
Et tandis qu'ils joûront, riront ou dormiront,
Vous, avec vos pensers qui haussent votre front,
Montez à travers Blois cet escalier de rues
Que n'inonde jamais la Loire au temps des crues;
Laissez là le château, quoique sombre et puissant,
Quoiqu'il ait à la face une tache de sang;
Admirez, en passant, cette tour octogone
Qui fait à ses huit pans hurler une gorgone;
Mais passez. — Et sorti de la ville, au midi,
Cherchez un tertre vert, circulaire, arrondi,
Que surmonte un grand arbre, un noyer, ce me semble,
Comme au cimier d'un casque une plume qui tremble,
Vous le reconnaitrez, ami; car, tout rêvant,
Vous l'aurez vu de loin sans doute en arrivant.

Sur le tertre monté, que la plaine bleuâtre,

Que la ville étagée en long amphithéâtre,
Que l'église, ou la Loire et ses voiles aux vents,
Et ses mille archipels, plus que ses flots mouvants,
Et de Chambord là-bas au loin les cent tourelles,
Ne fassent pas voler votre pensée entre elles.
Ne levez pas vos yeux si haut que l'horizon,
Regardez à vos pieds.... —

                Louis, cette maison
Qu'on voit bâtie en pierre et d'ardoises couverte,
Blanche et carrée, au bas de la colline verte,
Et qui, fermée à peine aux regards étrangers,
S'épanouit charmante entre ses deux vergers :
C'est là. — Regardez bien : c'est le toit de mon père,
C'est ici qu'il s'en vint dormir après la guerre,
Celui que tant de fois mes vers vous ont nommé,
Que vous n'avez pas vu, qui vous aurait aimé !

Alors, ô mon ami, plein d'une extase amère,
Pensez pieusement, d'abord à votre mère,
Et puis à votre sœur, et dites : « Notre ami
« Ne reverra jamais son vieux père endormi !

« Hélas ! il a perdu cette sainte défense
« Qui protége la vie encore après l'enfance,
« Ce pilote prudent qui, pour dompter le flot,
« Prête une expérience au jeune matelot !
« Plus de père pour lui ! plus rien qu'une mémoire !
« Plus d'auguste vieillesse à couronner de gloire !
« Plus de récits guerriers ! plus de beaux cheveux blancs
« A faire caresser par les petits enfants !
« Hélas ! il a perdu la moitié de sa vie,
« L'orgueil de faire voir à la foule ravie
« Son père, un vétéran, un général ancien !
« Ce foyer où l'on est plus à l'aise qu'au sien,

« Et le seuil paternel qui tressaille de joie
« Quand du fils qui revient le chien fidèle aboie!
« Le grand arbre est tombé! resté seul au vallon,
« L'arbuste est désormais à nu sous l'aquilon.
« Quand l'aïeul disparait du sein de la famille,
« Tout le groupe orphelin, mère, enfant, jeune fille,
« Se rallie inquiet autour du père seul
« Que ne dépasse plus le front blanc de l'aïeul.
« C'est son tour maintenant. Du soleil, de la pluie,
« On s'abrite à son ombre, à sa tige on s'appuie.
« C'est à lui de veiller, d'enseigner, de souffrir,
« De travailler pour tous, d'agir et de mourir!
« Voilà que va bientôt sur sa tête vieillie
« Descendre la sagesse austère et recueillie ;
« Voilà que ses beaux ans s'envolent tour à tour
« Emportant l'un sa joie et l'autre son amour,
« Ses songes de grandeur et de gloire ingénue,
« Et que pour travailler son âme reste nue,
« Laissant là l'espérance et les rêves dorés,
« Ainsi que la glaneuse, alors que dans les prés
« Elle marche, d'épis emplissant sa corbeille,
« Quitte son vêtement de fête de la veille !
« Mais le soir la glaneuse aux branches d'un buisson
« Reprendra ses atours, et chantant sa chanson
« S'en reviendra parée, et belle, et consolée ;
« Tandis que cette vie, âpre et morne vallée,
« N'a point de buisson vert où l'on retrouve un jour
« L'espoir, l'illusion, l'innocence et l'amour!

« Il continûra donc sa tâche commencée,
« Tandis que sa famille, autour de lui pressée,
« Sur son front, où des ans s'imprimera le cours,
« Verra tomber sans cesse et s'amasser toujours,
« Comme les feuilles d'arbre au vent de la tempête,

« Cette neige des jours qui blanchit notre tête!
« Ainsi du vétéran par la guerre épargné
« Rien ne reste à son fils, muet et résigné,
« Qu'un tombeau vide, et toi, la maison orpheline
« Qu'on voit blanche et carrée au bas de la colline,
« Gardant, comme un parfum dans le vase resté,
« Un air de bienvenue et d'hospitalité!

« Un sépulcre à Paris! de pierre ou de porphyre,
« Qu'importe! les tombeaux des aigles de l'empire
« Sont auprès. Ils sont là tous ces vieux généraux
« Morts un jour de victoire en antiques héros,
« Ou, regrettant peut-être et canons et mitraille,
« Tombés à la tribune, autre champ de bataille.
« Ses fils ont déposé sa cendre auprès des leurs,
« Afin qu'en l'autre monde, heureux pour les meilleurs,
« Il puisse converser avec ses frères d'armes ;
« Car sans doute ces chefs, pleurés de tant de larmes,
« Ont là-bas une tente. Ils y viennent le soir
« Parler de guerre; au loin, dans l'ombre, ils peuvent voir
« Flotter de l'ennemi les enseignes rivales;
« Et l'empereur au fond passe par intervalles.

« Une maison à Blois! riante quoiqu'en deuil,
« Elégante et petite, avec un lierre au seuil,
« Et qui fait soupirer le voyageur d'envie
« Comme un charmant asile à reposer sa vie,
« Tant sa neuve façade a de fraîches couleurs,
« Tant son front est caché dans l'herbe et dans les fleurs !

« Maison! sépulcre! hélas! pour retrouver quelque ombre
« De ce père parti sur le navire sombre,
« Où faut-il que le fils aille égarer ses pas?...
« Maison, tu ne l'as plus! tombeau, tu ne l'as pas! »

Juin 1830.

III

Præbete aures, vos qui continetis multitudines et placetis vobis in turbis nationum, quoniam non custodistis legem justitiæ, neque secundum voluntatem Dei ambulâstis.

SAP., 6.

RÊVERIE D'UN PASSANT

A PROPOS D'UN ROI

Voitures et chevaux à grand bruit, l'autre jour,
Menaient le roi de Naple au gala de la cour.
J'étais au Carrousel, passant avec la foule
Qui par ses trois guichets incessamment s'écoule
Et traverse ce lieu quatre cents fois par an
Pour regarder un prince ou voir l'heure au cadran.
Je suivais lentement, comme l'onde suit l'onde,
Tout ce peuple, songeant qu'il était dans le monde,
Certes, le fils aîné du vieux peuple romain,
Et qu'il avait un jour, du revers de sa main,
Déraciné du sol les tours de la Bastille.
Je m'arrêtai : le suisse avait fermé la grille.

Et le tambour battait, et parmi les bravos
Passait chaque voiture avec ses huit chevaux.
La fanfare emplissait la vaste cour, jonchée
D'officiers redressant leur tête empanachée;

Et les royaux coursiers marchaient sans s'étonner,
Fiers de voir devant eux des drapeaux s'incliner.
Or, attentive au bruit, une femme, une vieille,
En haillons, et portant au bras quelque corbeille,
Branlant son chef ridé, disait à haute voix :
— Un roi ! sous l'empereur, j'en ai tant vu, des rois !

Alors je ne vis plus des voitures dorées
La haute impériale et les rouges livrées,
Et, tandis que passait et repassait cent fois
Tout ce peuple inquiet plein de confuses voix,
Je rêvai. Cependant la vieille vers la Grève
Poursuivait son chemin en me laissant mon rêve.
Comme l'oiseau qui va, dans la forêt lâché,
Laisse trembler la feuille où son aile a touché.
— Oh ! disais-je, la main sur mon front étendue,
Philosophie ! au bas du peuple descendue !
Des petits sur les grands grave et hautain regard !
Où ce peuple est venu, le peuple arrive tard ;
Mais il est arrivé. Le voilà qui dédaigne !
Il n'est rien qu'il admire, ou qu'il aime, ou qu'il craigne.
Il sait tirer de tout d'austères jugements,
Tant le marteau de fer des grands événements
A, dans ces durs cerveaux qu'il façonnait sans cesse,
Comme un coin dans le chêne enfoncé la sagesse !

Il s'est dit tant de fois : — Où le monde en est-il ?
Que font les rois ? à qui le trône ? à qui l'exil ? —
Qu'il médite aujourd'hui comme un juge suprême,
Sachant la fin de tout, se croyant en soi-même
Assez fort pour tout voir et pour tout épargner,
Lui qu'on n'exile pas et qui laisse régner !

La cour est en gala ! pendant qu'au-dessous d'elle,
Comme sous le vaisseau l'Océan qui chancelle,

Sans cesse remué, gronde un peuple profond
Dont nul regard de roi ne peut sonder le fond.

Démence et trahison qui disent sans relâche :
— O rois, vous êtes rois ! confiez votre tâche
Aux mille bras dorés qui soutiennent vos pas !
Dormez, n'apprenez point, et ne méditez pas,
De peur que votre front, qu'un prestige environne,
Fasse en s'élargissant éclater la couronne !

O rois, veillez ! veillez ! tâchez d'avoir régné :
Ne nous reprenez pas ce qu'on avait gagné ;
Ne faites point, des coups d'une bride rebelle,
Cabrer la liberté qui vous porte avec elle ;
Soyez de votre temps, écoutez ce qu'on dit,
Et tâchez d'être grands, car le peuple grandit.

Ecoutez, écoutez, à l'horizon immense,
Ce bruit qui parfois tombe et soudain recommence,
Ce murmure confus, ce sourd frémissement
Qui roule et qui s'accroît de moment en moment.
C'est le peuple qui vient ! c'est la haute marée
Qui monte incessamment par son astre attirée.
Chaque siècle, à son tour, qu'il soit d'or ou de fer,
Dévoré comme un cap sur qui monte la mer,
Avec ses lois, ses mœurs, les monuments qu'il fonde,
Vains obstacles qui font à peine écumer l'onde,
Avec tout ce qu'on vit et qu'on ne verra plus,
Disparait sous ce flot qui n'a pas de reflux !
Le sol toujours s'en va, le flot toujours s'élève.
Malheur à qui le soir s'attarde sur la grève,
Et ne demande pas au pêcheur qui s'enfuit
D'où vient qu'à l'horizon on entend ce grand bruit !
Rois ! hâtez-vous ! rentrez dans le siècle où nous sommes,

Quittez l'ancien rivage ! — A cette mer des hommes
Faites place, ou voyez si vous voulez périr
Sur le siècle passé que son flot doit couvrir !

Ainsi ce qu'en passant avait dit cette femme
Remuait mes pensers dans le fond de mon âme,
Quand un soldat soudain, du poste détaché,
Me cria : — Compagnon, le soleil est couché.

18 mai 1830.

IV

De todo, nada. De todos, nadie.
CALDERON.

Que t'importe, mon cœur, ces naissances des rois,
Ces victoires qui font éclater à la fois
    Cloches et canons en volées,
Et louer le Seigneur en pompeux appareil;
Et la nuit, dans le ciel des villes en éveil,
    Monter des gerbes étoilées?

Porte ailleurs ton regard sur Dieu seul arrêté!
Rien ici-bas qui n'ait en soi sa vanité :
    La gloire fuit à tire d'aile;
Couronnes, mitres d'or, brillent, mais durent peu;
Elles ne valent pas le brin d'herbe que Dieu
    Fait pour le nid de l'hirondelle!

Hélas! plus de grandeur contient plus de néant!
La bombe atteint plutôt l'obélisque géant
    Que la tourelle des colombes.
C'est toujours par la mort que Dieu s'unit aux rois;
Leur couronne dorée a pour faîte sa croix,
    Son temple est pavé de leurs tombes.

Quoi! hauteur de nos tours, splendeur de nos palais,
Napoléon, César, Mahomet, Périclès,

Rien qui ne tombe et ne s'efface !
Mystérieux abîme où l'esprit se confond !
A quelques pieds sous terre un silence profond,
Et tant de bruit à la surface !

Juin 1830.

V

O altitudo!

CE QU'ON ENTEND SUR LA MONTAGNE

Avez-vous quelquefois, calme et silencieux,
Monté sur la montagne en présence des cieux?
Etait-ce aux bords du Sund? aux côtes de Bretagne?
Aviez-vous l'Océan au pied de la montagne?
Et là, penché sur l'onde et sur l'immensité,
Calme et silencieux avez-vous écouté?
Voici ce qu'on entend : — du moins un jour qu'en rêve
Ma pensée abattit son vol sur une grève,
Et du sommet d'un mont plongeant au gouffre amer,
Vit d'un côté la terre et de l'autre la mer.
J'écoutai, j'entendis, et jamais voix pareille
Ne sortit d'une bouche et n'émut une oreille.

Ce fut d'abord un bruit large, immense, confus,
Plus vague que le vent dans les arbres touffus,
Plein d'accords éclatants, de suaves murmures,
Doux comme un chant du soir, fort comme un choc d'armures
Quand la sourde mêlée étreint les escadrons,
Et souffle, furieuse, aux bouches des clairons.
C'était une musique ineffable et profonde,
Qui, fluide, oscillait sans cesse autour du monde,
Et dans les vastes cieux, par ses flots rajeunis,
Roulait élargissant ses orbes infinis

Jusqu'au fond où son flux s'allait perdre dans l'ombre
Avec le temps, l'espace et la forme et le nombre !
Comme une autre atmosphère épars et débordé,
L'hymne éternel couvrait tout le globe inondé.
Le monde enveloppé dans cette symphonie,
Comme il vogue dans l'air, voguait dans l'harmonie.

Et pensif, j'écoutais ces harpes de l'éther,
Perdu dans cette voix comme dans une mer.

Bientôt je distinguai, confuses et voilées,
Deux voix dans cette voix l'une à l'autre mêlées,
De la terre et des mers s'épanchant jusqu'au ciel,
Qui chantaient à la fois le chant universel ;
Et je les distinguai dans la rumeur profonde
Comme on voit deux courants qui se croisent sous l'onde.

L'une venait des mers ; chant de gloire ! hymne heureux !
C'était la voix des flots qui se parlaient entre eux ;
L'autre, qui s'élevait de la terre où nous sommes,
Etait triste : c'était le murmure des hommes ;
Et dans ce grand concert, qui chantait jour et nuit,
Chaque onde avait sa voix et chaque homme son bruit.

Or, comme je l'ai dit, l'Océan magnifique
Epandait une voix joyeuse et pacifique,
Chantait comme la harpe aux temples de Sion,
Et louait la beauté de la création.
Sa clameur, qu'emportaient la brise et la rafale,
Incessamment vers Dieu montait plus triomphale,
Et chacun de ses flots, que Dieu seul peut dompter,
Quand l'autre avait fini, se levait pour chanter.
Comme ce grand lion dont Daniel fut l'hôte,
L'Océan par moments abaissait sa voix haute ;

Et moi, je croyais voir, vers le couchant en feu,
Sous sa crinière d'or passer la main de Dieu.

Cependant, à côté de l'auguste fanfare,
L'autre voix, comme un cri de coursier qui s'effare,
Comme le gond rouillé d'une porte d'enfer,
Comme l'archet d'airain sur la lyre de fer,
Grinçait; et pleurs, et cris, l'injure, l'anathème,
Refus du viatique et refus du baptême,
Et malédiction, et blasphème, et clameur,
Dans le flot tournoyant de l'humaine rumeur,
Passaient, comme le soir on voit dans les vallées
De noirs oiseaux de nuit qui s'en vont par volées.
Qu'était-ce que ce bruit dont mille échos vibraient ?
Hélas ! c'était la terre et l'homme qui pleuraient.

Frères ! de ces deux voix étranges, inouïes,
Sans cesse renaissant, sans cesse évanouies,
Qu'écoute l'Eternel durant l'éternité,
L'une disait : NATURE ! et l'autre : HUMANITÉ !

Alors je méditai ; car mon esprit fidèle,
Hélas ! n'avait jamais déployé plus grande aile ;
Dans mon ombre jamais n'avait lui tant de jour ;
Et je rêvais longtemps, contemplant tour à tour,
Après l'abîme obscur que me cachait la lame,
L'autre abîme sans fond qui s'ouvrait dans mon âme
Et je me demandai pourquoi l'on est ici,
Quel peut être après tout le but de tout ceci,
Que fait l'âme, lequel vaut mieux d'être ou de vivre,
Et pourquoi le Seigneur, qui seul lit à son livre,
Mêle éternellement dans un fatal hymen
Le chant de la nature au cri du genre humain ?

Juillet 1829.

VI

L'une partie du monde ne sait pas comme l'autre vit et se gouverne.

PHILIPPE DE COMINES.

A UN VOYAGEUR

Ami, vous revenez d'un de ces longs voyages
Qui nous font vieillir vite et nous changent en sages
    Au sortir du berceau.
De tous les océans votre course a vu l'onde,
Hélas! et vous feriez une ceinture au monde
    Du sillon du vaisseau.

Le soleil de vingt cieux a mûri votre vie.
Partout où vous mena votre inconstante envie,
    Jetant et ramassant,
Pareil au laboureur qui récolte et qui sème,
Vous avez pris des lieux et laissé de vous-même
    Quelque chose en passant.

Tandis que votre ami, moins heureux et moins sage,
Attendait des saisons l'uniforme passage
    Dans le même horizon;
Et comme l'arbre vert qui de loin la dessine,
A sa porte effeuillant ses jours, prenait racine
    Au seuil de sa maison!

Vous êtes fatigué tant vous avez vu d'hommes !
Enfin vous revenez, las de ce que nous sommes,
    Vous reposer en Dieu.
Triste, vous me contez vos courses infécondes,
Et vos pieds ont mêlé la poudre de trois mondes
    Aux cendres de mon feu.

Or, maintenant, le cœur plein de choses profondes,
Des enfants dans vos mains tenant les têtes blondes,
    Vous me parlez ici,
Et vous me demandez, sollicitude amère,
— Où donc ton père ? où donc ton fils ? où donc ta mère ?
    — Ils voyagent aussi !

Le voyage qu'ils font n'a ni soleil, ni lune,
Nul homme n'y peut rien porter de sa fortune,
    Tant le maître est jaloux !
Le voyage qu'ils font est profond et sans bornes ;
On le fait à pas lents parmi des faces mornes,
    Et nous le ferons tous !

J'étais à leur départ comme j'étais au vôtre.
En diverses saisons, tous trois, l'un après l'autre,
    Ils ont pris leur essor.
Hélas ! j'ai mis en terre, à cette heure suprême,
Ces têtes que j'aimais. Avare, j'ai moi-même
    Enfoui mon trésor.

Je les ai vus partir. J'ai, faible et plein d'alarmes,
Vu trois fois un drap noir semé de blanches larmes
    Tendre ce corridor ;
J'ai sur leurs froides mains pleuré comme une femme,
Mais, le cercueil fermé, mon âme a vu leur âme
    Ouvrir deux ailes d'or !

Je les ai vus partir comme trois hirondelles
Qui vont chercher bien loin des printemps plus fidèles
    Et des étés meilleurs.
Ma mère vit le ciel et partit la première,
Et son œil en mourant fut plein d'une lumière
    Qu'on n'a point vue ailleurs.

Et puis mon premier-né la suivit, puis mon père,
Fier vétéran âgé de quarante ans de guerre,
    Tout chargé de chevrons.
Maintenant ils sont là, tous trois dorment dans l'ombre,
Tandis que leurs esprits font le voyage sombre,
    Et vont ou nous irons!

Si vous voulez, à l'heure où la lune décline,
Nous monterons tous deux la nuit sur la colline
    Où gisent nos aïeux.
Je vous dirai, montrant à votre vue amie
La ville morte auprès de la ville endormie·
    Laquelle dort le mieux?

Venez; muets tous deux et couchés contre terre,
Nous entendrons, tandis que Paris fera taire
    Son vivant tourbillon,
Ces millions de morts, moisson du fils de l'homme
Sourdre confusément dans leurs sépulcres, comme
    Le grain dans le sillon!

Combien vivent joyeux, qui devaient, sœurs ou frères,
Faire un pleur éternel de quelques ombres chères!
    Pouvoir des ans vainqueurs!
Les morts durent bien peu : laissons-les sous la pierre!
Hélas! dans le cercueil ils tombent en poussière
    Moins vite qu'en nos cœurs!

Voyageur ! voyageur ! Quelle est notre folie !
Qui sait combien de morts à chaque heure on oublie,
    Des plus chers, des plus beaux ?
Qui peut savoir combien toute douleur s'émousse,
Et combien sur la terre un jour d'herbe qui pousse
    Efface de tombeaux !

    1829.

VII

Causa tangor ab omni.
OVID.

DICTÉ EN PRÉSENCE DU GLACIER DU RHONE.

Souvent, quand mon esprit riche en métamorphoses
Flotte et roule endormi sur l'océan des choses,
Dieu, foyer du vrai jour qui ne luit point aux yeux,
Mystérieux soleil dont l'âme est embrasée,
Le frappe d'un rayon, et, comme une rosée,
    Le ramasse et l'enlève aux cieux.

Alors, nuage errant, ma haute poésie
Vole capricieuse, et sans route choisie,
De l'occident au sud, du nord à l'orient;
Et regarde, du haut des radieuses voûtes,
Les cités de la terre, et, les dédaignant toutes,
    Leur jette son ombre en fuyant.

Puis, dans l'or du matin luisant comme une étoile,
Tantôt elle y découpe une frange à son voile,
Tantôt, comme un guerrier qui résonne en marchant,
Elle frappe d'éclairs la forêt qui murmure;
Et tantôt en passant rougit sa noire armure
    Dans la fournaise du couchant.

Enfin, sur un vieux mont, colosse à tête grise,
Sur des Alpes de neige un vent jaloux la brise
Qu'importe! Suspendu sur l'abîme béant
Le nuage se change en un glacier sublime,
Et des mille fleurons qui hérissent sa cime
    Fait une couronne au géant!

Comme le haut cimier du mont inabordable,
Alors il dresse au loin sa crête formidable.
L'arc-en-ciel vacillant joue à son flanc d'acier;
Et, chaque soir, tandis que l'ombre en bas l'assiége,
Le soleil, ruisselant en lave sur sa neige,
    Change en cratère le glacier.

Son front blanc dans la nuit semble une aube éternelle,
Le chamois effaré, dont le pied vaut une aile,
L'aigle même le craint, sombre et silencieux;
La tempête à ses pieds tourbillonne et se traîne,
L'œil ose à peine atteindre à sa face sereine,
    Tant il est avant dans les cieux!

Et seul, à ces hauteurs, sans crainte et sans vertige,
Mon esprit, de la terre oubliant le prestige,
Voit le jour étoilé, le ciel qui n'est plus bleu,
Et contemple de près ces splendeurs sidérales
Dont la nuit sème au loin ses sombres cathédrales,
    Jusqu'à ce qu'un rayon de Dieu

Le frappe de nouveau, le précipite, et change
Les prismes du glacier en flots mêlés de fange;
Alors il croule, alors, éveillant mille échos,
Il retombe en torrent dans l'océan du monde,
Chaos aveugle et sourd, mer immense et profonde,
    Où se rassemblent tous les flots!

Au gré du divin souffle ainsi vont mes pensées,
Dans un cercle éternel incessamment poussées.
Du terrestre océan dont les flots sont amers,
Comme sous un rayon monte une nue épaisse,
Elles montent toujours vers le ciel, et sans cesse
    Redescendent des cieux aux mers.

Mai 1829.

VIII

D'hommes tu nous fais Dieu.
RÉGNIER.

A MONSIEUR DAVID

STATUAIRE

Oh ! que ne suis-je un de ces hommes
Qui, géants d'un siècle effacé,
Jusque dans le siècle où nous sommes
Règnent du fond de leur passé !
Que ne suis-je, prince ou poëte,
De ces mortels à haute tête,
D'un monde à la fois base et faîte,
Que leur temps ne peut contenir ;
Qui, dans le calme ou dans l'orage,
Qu'on les adore ou les outrage,
Devançant le pas de leur âge,
Marchent un pied dans l'avenir !

Que ne suis-je une de ces flammes,
Un de ces pôles glorieux
Vers qui penchent toutes les âmes,
Sur qui se fixent tous les yeux !
De ces hommes dont les statues,
Du flot des temps toujours battues,
D'un tel signe sont revêtues,

Que, si le hasard les abat,
S'il les détrône de leur sphère,
Du bronze auguste on ne peut faire
Que des cloches pour la prière
Ou des canons pour le combat!

Que n'ai-je un de ces fronts sublimes,
David! mon corps, fait pour souffrir,
Du moins sous tes mains magnanimes
Renaîtrait pour ne plus mourir!
Du haut du temple ou du théâtre,
Colosse de bronze ou d'albâtre,
Salué d'un peuple idolâtre,
Je surgirais sur la cité,
Comme un géant en sentinelle,
Couvrant la ville de mon aile,
Dans quelque attitude éternelle
De génie et de majesté!

Car c'est toi, lorsqu'un héros tombe,
Qui le relèves souverain!
Toi qui le scelles sur sa tombe
Qu'il foule avec des pieds d'airain!
Rival de Rome et de Ferrare,
Tu pétris pour le mortel rare
Ou le marbre froid de Carrare,
Ou le métal qui fume et bout.
Le grand homme au tombeau s'apaise
Quand ta main, à qui rien ne pèse,
Hors du bloc ou de la fournaise
Le jette vivant et debout!

Sans toi peut-être sa mémoire
Pâlirait d'un oubli fatal;

Mais c'est toi qui sculptes sa gloire
Visible sur un piédestal.
Ce fanal, perdu pour le monde,
Feu rampant dans la nuit profonde,
S'éteindrait, sans montrer sur l'onde
Ni les écueils ni le chemin;
C'est ton souffle qui le ranime;
C'est toi qui, sur le sombre abîme,
Dresses le colosse sublime
Qui prend le phare dans sa main.

Lorsqu'à tes yeux une pensée
Sous les traits d'un grand homme a lui,
Tu la fais marbre, elle est fixée,
Et les peuples disent : C'est lui !
Mais avant d'être pour la foule,
Longtemps dans ta tête elle roule,
Comme une flamboyante houle
Au fond du volcan souterrain;
Loin du grand jour qui la réclame
Tu la fais bouillir dans ton âme :
Ainsi de ses langues de flamme
Le feu saisit l'urne d'airain.

Va ! que nos villes soient remplies
De tes colosses radieux!
Qu'à jamais tu te multiplies
Dans un peuple de demi-dieux!
Fais de nos cités des Corinthes!
Oh! ta pensée a des étreintes
Dont l'airain garde les empreintes,
Dont le granit s'enorgueillit!
Honneur au sol que ton pied foule!
Un métal dans tes veines coule.

Ta tête ardente est un grand moule
D'où l'idée en bronze jaillit!

Bonaparte eût voulu renaître
De marbre et géant sous ta main;
Cromwell, son aïeul et son maître,
T'eût livré son front surhumain;
Ton bras eût sculpté pour l'Espagne
Charles-Quint; pour nous, Charlemagne
Un pied sur l'hydre d'Allemagne,
L'autre sur Rome aux sept coteaux:
Au sépulcre prêt à descendre,
César t'eût confié sa cendre,
Et c'est toi qu'eût pris Alexandre
Pour lui tailler le mont Athos!

  Juillet 1828.

IX

Te referent fluctus!
HORAT.

A MONSIEUR DE LAMARTINE

Naguere une même tourmente,
Ami, battait nos deux esquifs!
Une même vague écumante
Nous jetait aux mêmes récifs;
Les mêmes haines débordées
Gonflaient sous nos nefs inondées
Leurs flots toujours multipliés;
Et, comme un océan qui roule,
Toutes les têtes de la foule
Hurlaient à la fois sous nos pieds!

Qu'allais-je faire en cet orage,
Moi qui m'échappais du berceau?
Moi qui vivais d'un peu d'ombrage
Et d'un peu d'air comme l'oiseau?
A cette mer qui le repousse
Pourquoi livrer mon nid de mousse
Où le jour n'osait pénétrer?
Pourquoi donner à la rafale
Ma belle robe nuptiale
Comme une voile à déchirer?

C'est que dans mes songes de flamme,
C'est que dans mes rêves d'enfant,
J'avais toujours présents à l'âme
Ces hommes au front triomphant
Qui, tourmentés d'une autre terre
En ont deviné le mystère
Avant que rien en soit venu,
Dont la tête au ciel est tournée,
Dont l'âme, boussole obstinée,
Toujours cherche un pôle inconnu !

Ces Gamas en qui rien n'efface
Leur indomptable ambition,
Savent qu'on n'a vu qu'une face
De l'immense création.
Ces Colombs, dans leur main profonde,
Pèsent la terre et pèsent l'onde
Comme à la balance du ciel,
Et, voyant d'en haut toute cause,
Sentent qu'il manque quelque chose
A l'équilibre universel !

Ce contre-poids qui se dérobe,
Ils le chercheront, ils iront ;
Ils rendront sa ceinture au globe,
A l'univers son double front ;
Ils partent, on plaint leur folie !
L'onde les emporte ; on oublie
Le voyage et le voyageur !... —
Tout à coup de la mer profonde
Ils ressortent avec leur monde,
Comme avec sa perle un plongeur !

Voilà quelle était ma pensée,
Quand sur le flot sombre et grossi

Je risquai ma nef insensée,
Moi, je cherchais un monde aussi!
Mais à peine loin du rivage,
J'ai vu sur l'océan sauvage
Commencer dans un tourbillon
Cette lutte qui me déchire
Entre les voiles du navire
Et les ailes de l'aquilon!

C'est alors qu'en l'orage sombre
J'entrevis ton mât glorieux
Qui, bien avant le mien, dans l'ombre,
Fatiguait l'autan furieux.
Alors, la tempête était haute,
Nous combattimes côte à côte
Tous deux, moi barque, toi vaisseau,
Comme le frère auprès du frère,
Comme le nid auprès de l'aire,
Comme auprès du lit le berceau!

L'autan criait dans nos antennes,
Le flot lavait nos ponts mouvants,
Nos banderoles incertaines
Frissonnaient au souffle des vents.
Nous voyions les vagues humides,
Comme des cavales numides,
Se dresser, hennir, écumer;
L'éclair rougissant chaque lame
Mettait des crinières de flamme
A tous ces coursiers de la mer!

Nous, échevelés dans la brume,
Chantant plus haut dans l'ouragan,
Nous admirions la vaste écume

Et la beauté de l'Océan!
Tandis que la foudre sublime
Planait toute en feu sur l'abîme,
Nous chantions, hardis matelots,
La laissant passer sur nos têtes,
Et, comme l'oiseau des tempêtes,
Tremper ses ailes dans les flots.

Echangeant nos signaux fidèles
En nous saluant de la voix,
Pareils à deux sœurs hirondelles,
Nous voulions, tous deux à la fois,
Doubler le même promontoire,
Remporter la même victoire,
Dépasser le siècle en courroux;
Nous tentions le même voyage;
Nous voyions surgir dans l'orage
Le même Adamastor jaloux!

Bientôt la nuit toujours croissante,
Ou quelque vent qui t'emportait,
M'a dérobé ta nef puissante
Dont l'ombre auprès de moi flottait!
Seul je suis resté sous la nue,
Depuis, l'orage continue,
Le temps est noir, le vent mauvais;
L'ombre m'enveloppe et m'isole,
Et si je n'avais ma boussole
Je ne saurais pas où je vais!

Dans cette tourmente fatale
J'ai passé les nuits et les jours;
J'ai pleuré la terre natale,
Et mon enfance et mes amours.

Si j'implorais le flot qui gronde,
Toutes les cavernes de l'onde
Se rouvraient jusqu'au fond des mers;
Si j'invoquais le ciel, l'orage,
Avec plus de bruit et de rage,
Secouait sa gerbe d'éclairs!

Longtemps, laissant le vent bruire,
Je t'ai cherché, criant ton nom!
Voici qu'enfin je te vois luire
A la cime de l'horizon.
Mais ce n'est plus la nef ployée,
Battue, errante, foudroyée
Sous tous les caprices des cieux;
Rêvant d'idéales conquêtes,
Risquant à travers les tempêtes
Un voyage mystérieux!

C'est un navire magnifique
Bercé par le flot souriant,
Qui, sur l'océan pacifique,
Vient du côté de l'orient!
Toujours en avant de sa voile,
On voit cheminer une étoile
Qui rayonne à l'œil ébloui;
Jamais on ne le voit éclore
Sans une étincelante aurore
Qui se lève derrière lui!

Le ciel serein, la mer sereine,
L'enveloppent de tous côtés;
Par ses mâts et par sa carène
Il plonge aux deux immensités!
Le flot s'y brise en étincelles;

Ses voiles sont comme des ailes
Au souffle qui vient les gonfler;
Il vogue, il vogue vers la plage,
Et comme le cygne qui nage
On sent qu'il pourrait s'envoler!

Le peuple, auquel il se révèle
Comme une blanche vision,
Roule, prolonge et renouvelle
Une immense acclamation.
La foule inonde au loin la rive.
Oh! dit-elle, il vient, il arrive!
Elle l'appelle avec des pleurs!
Et le vent porte au beau navire,
Comme à Dieu l'encens et la myrrhe,
L'haleine de la terre en fleurs!

Oh! rentre au port, esquif sublime!
Jette l'ancre loin des frimas!
Vois cette couronne unanime
Que la foule attache à tes mâts!
Oublie et l'onde et l'aventure,
Et le labeur de la mâture,
Et le souffle orageux du nord;
Triomphe à l'abri des naufrages,
Et ris-toi de tous les orages
Qui rongent les chaines du port!

Tu reviens de ton Amérique!
Ton monde est trouvé! — Sur les flots
Ce monde, à ton souffle lyrique,
Comme un œuf sublime est éclos!
C'est un univers qui s'éveille!
Une création pareille

A celle qui rayonne au jour !
De nouveaux infinis qui s'ouvrent !
Un de ces mondes que découvrent
Ceux qui de l'âme ont fait le tour !

Tu peux dire à qui doute encore :
« J'en viens ! J'en ai cueilli ce fruit !
« Votre aurore n'est pas l'aurore,
« Et votre nuit n'est pas la nuit.
« Votre soleil ne vaut pas l'autre !
« Leur jour est plus beau que le vôtre !
« Dieu montre sa face en leur ciel !
« J'ai vu luire une croix d'étoiles
« Clouée à leurs nocturnes voiles
« Comme un labarum éternel ! »

Tu dirais la verte savane,
Les hautes herbes des déserts,
Et les bois dont le zéphyr vanne
Toutes les graines dans les airs ;
Les grandes forêts inconnues ;
Les caps d'où s'envolent les nues
Comme l'encens des saints trépieds ;
Les fruits de lait et d'ambroisie,
Et les mines de poésie
Dont tu jettes l'or à leurs pieds !

Et puis encor tu pourrais dire,
Sans épuiser ton univers,
Ses monts d'agate et de porphyre,
Ses fleuves qui noiraient leurs mers.
De ce monde, né de la veille,
Tu peindrais la beauté vermeille,
Terre vierge et féconde à tous,

Patrie où rien ne nous repousse,
Et ta voix magnifique et douce
Les ferait tomber à genoux!

Désormais à tous tes voyages
Vers ce monde trouvé par toi,
En foule ils courront aux rivages,
Comme un peuple autour de son roi!
Mille acclamations sur l'onde
Suivront longtemps ta voile blonde
Brillante en mer comme un fanal,
Salûront le vent qui t'enlève,
Puis sommeilleront sur la grève
Jusqu'à ton retour triomphal!

Ah! soit qu'au port ton vaisseau dorme,
Soit qu'il se livre sans effroi
Aux baisers de la mer difforme
Qui hurle béante sous moi,
De ta sérénité sublime
Regarde parfois dans l'abîme,
Avec des yeux de pleurs remplis,
Ce point noir dans ton ciel limpide,
Ce tourbillon sombre et rapide,
Qui roule une voile en ses plis!

C'est mon tourbillon, c'est ma voile!
C'est l'ouragan qui, furieux,
A mesure éteint chaque étoile
Qui se hasarde dans mes cieux!
C'est la tourmente qui m'emporte!
C'est la nuée ardente et forte
Qui se joue avec moi dans l'air,
Et, tournoyant comme une roue,

Fait étinceler sur ma proue
Le glaive acéré de l'éclair !

Alors, d'un cœur tendre et fidèle,
Ami, souviens-toi de l'ami
Qui toujours poursuit à coups d'aile
Le vent dans ta voile endormi !
Songe que du sein de l'orage
Il t'a vu surgir au rivage
Dans un triomphe universel,
Et qu'alors il levait la tête,
Et qu'il oubliait sa tempête
Pour chanter l'azur de ton ciel !

Et si mon invisible monde
Toujours à l'horizon me fuit,
Si rien ne germe dans cette onde
Que je laboure jour et nuit,
Si mon navire de mystère
Se brise à cette ingrate terre
Que cherchent mes yeux obstinés,
Pleure, ami, mon ombre jalouse !
Colomb doit plaindre Lapeyrouse.
Tous deux étaient prédestinés !

Juin 1830.

X

Æstuat infelix.

Un jour au mont Atlas les collines jalouses
Dirent : — Vois nos prés verts, vois nos fraîches pelouses,
Où vient la jeune fille, errant en liberté,
Chanter, rire et rêver après qu'elle a chanté ;
Nos pieds que l'Océan baise en grondant à peine,
Le sauvage Océan ! Notre tête sereine
A qui l'été de flamme et la rosée en pleurs
Font tant épanouir de couronnes de fleurs !
Mais toi, géant ! — d'où vient que sur ta tête chauve
Planent incessamment des aigles à l'œil fauve ?
Qui donc, comme une branche où l'oiseau fait son nid,
Courbe ta large épaule et ton dos de granit ?
Pourquoi dans tes flancs noirs tant d'abîmes pleins d'ombre ?
Quel orage éternel te bat d'un éclair sombre ?
Qui t'a mis tant de neige et de rides au front ?
Et ce front, où jamais printemps ne souriront,
Qui donc le courbe ainsi ? quelle sueur l'inonde ?... —

Atlas leur répondit : c'est que je porte un monde.

Avril 1830.

XI

Yo contra todos y todos contra yo.
ROMANCE DEL VIEJO ARIAS.

DÉDAIN.

I

Qui peut savoir combien de jalouses pensées,
De haines, par l'envie en tous lieux ramassées,
De sourds ressentiments, d'inimitiés sans frein,
D'orages à courber les plus sublimes têtes,
Combien de passions, de fureurs, de tempêtes,
Grondent autour de toi, jeune homme au front serein !

Tu ne le sais pas, toi ! — Car tandis qu'à ta base
La gueule des serpents s'élargit et s'écrase,
Tandis que ces rivaux, que tu croyais meilleurs,
Vont t'assiégeant en foule, ou dans la nuit secrète
Creusent maint piége infâme à ta marche distraite,
    Pensif, tu regardes ailleurs !

Ou si parfois leurs cris montent jusqu'à ton âme,
Si ta colère, ouvrant ses deux ailes de flamme,
Veut foudroyer leur foule acharnée à ton nom,
Avant que le volcan n'ait trouvé son issue,

Avant que tu n'aies mis la main à ta massue,
Tu te prends à sourire et tu dis : A quoi bon ?

Puis voilà que revient ta chère rêverie,
Famille, enfance, amour, Dieu, liberté, patrie ;
La lyre à réveiller, la scène à rajeunir ;
Napoléon, ce dieu dont tu seras le prêtre ;
Les grands hommes, mépris du temps qui les voit naître,
    Religion de l'avenir.

II

Allez donc ! ennemis de son nom ! foule vaine !
Autour de son génie épuisez votre haleine !
Recommencez toujours ! ni trêve ni remord.
Allez, recommencez, veillez, et sans relâche
Roulez votre rocher, refaites votre tâche,
Envieux ! — Lui, poëte, il chante, il rêve, il dort.

Votre voix qui s'aiguise, et vibre comme un glaive,
N'est qu'une voix de plus dans le bruit qu'il soulève.
La gloire est un concert de mille échos épars,
Chœurs de démons, accords divins, chants angéliques,
Pareil au bruit que font dans les places publiques
    Une multitude de chars

Il ne vous connaît pas. — Il dit par intervalles
Qu'il faut aux jours d'été l'aigre cri des cigales ;
L'épine à mainte fleur ; que c'est le sort commun ;
Que ce serait pitié d'écraser la cigale ;
Que le trop bien est mal ; que la rose au Bengale
Pour être sans épine est aussi sans parfum.

Et puis, qu'importe ! amis, ennemis, tout s'écoule
C'est au même tombeau que va toute la foule.

Rien ne touche un esprit que Dieu même a saisi.
Trônes, sceptres, lauriers, temples, chars de victoire,
On ferait à des rois des couronnes de gloire
     De tout ce qu'il dédaigne ici !

Que lui font donc ces cris où votre voix s'enroue ?
Que sert au flot amer d'écumer sur la proue ?
Il ignore vos noms, il n'en a point souci,
Et quand, pour ébranler l'édifice qu'il fonde,
La sueur de vos fronts ruisselle et vous inonde,
Il ne sait même pas qui vous fatigue ainsi !

III

Puis, quand il le voudra, scribes, docteurs, poëtes,
Il sait qu'il peut, d'un souffle, en vos bouches muettes
     Eteindre vos clameurs,
Et qu'il emportera toutes vos voix ensemble,
Comme le vent de mer emporte où bon lui semble
     La chanson des rameurs !

En vain vos légions l'environnent sans nombre,
Il n'a qu'à se lever pour couvrir de son ombre
     A la fois tous vos fronts ;
Il n'a qu'à dire un mot pour couvrir vos voix grêles,
Comme un char en passant couvre le bruit des ailes
     De mille moucherons !

Quand il veut, vos flambeaux, sublimes auréoles
Dont vous illuminez vos temples, vos idoles,
     Vos dieux, votre foyer,
Phares éblouissants, clartés universelles,
Pâlissent à l'éclat des moindres étincelles
     Du pied de son coursier !

     Avril 1830.

XII

In God is all.
DEVISE DES SALTOUN.

O toi qui si longtemps vis luire à mon côté
Le jour égal et pur de la prospérité,
Toi qui, lorsque mon âme allait de doute en doute,
Et comme un voyageur te demandait sa route,
Endormis sur ton sein mes rêves ténébreux,
Et pour toute raison disais : Soyons heureux!
Hélas! ô mon amie, hélas! voici que l'ombre
Envahit notre ciel, et que la vie est sombre;
Voici que le malheur s'épanche lentement
Sur l'azur radieux de notre firmament;
Voici qu'à nos regards s'obscurcit et recule
Notre horizon, perdu dans un noir crépuscule;
Or, dans ce ciel, où va la nuit se propageant,
Comme un œil lumineux, vivant, intelligent,
Vois-tu briller là-bas cette profonde étoile?
Des mille vérités que le bonheur nous voile,
C'est une qui paraît! c'est la première encor
Qui nous ait éblouis de sa lumière d'or!
Notre ciel, que déjà la sombre nuit réclame,
N'a plus assez d'éclat pour cacher cette flamme,
Et du sud, du couchant, ou du septentrion,
Chaque ombre qui survient donne à l'astre un rayon,
Et plus viendra la nuit, et plus, à plis funèbres,

S'épaissiront sur nous son deuil et ses ténèbres,
Plus dans ce ciel sublime, à nos yeux enchantés,
En foule apparaîtront de splendides clartés!
Plus nous verrons dans l'ombre, où leur loi les rassemble,
Toutes les vérités étinceler ensemble,
Et graviter autour d'un centre impérieux,
Et rompre et renouer leur chœur mystérieux!
Cette fatale nuit que le malheur amène
Fait voir plus clairement la destinée humaine,
Et montre à ses deux bouts écrits en traits de feu
Ces mots : Ame immortelle! éternité de Dieu!

Car tant que luit le jour, de son soleil de flamme
Il accable nos yeux, il aveugle notre âme,
Et nous nous reposons dans un doute serein
Sans savoir si le ciel est d'azur ou d'airain.
Mais la nuit rend aux cieux leurs étoiles, leurs gloires,
Candélabres que Dieu pend à leurs voûtes noires.
L'œil dans leurs profondeurs découvre à chaque pas
Mille mondes nouveaux qu'il ne soupçonnait pas,
Soleils plus flamboyants, plus chevelus dans l'ombre,
Qu'en l'abîme sans fin il voit luire sans nombre!

Août 1829.

XIII

Quot libras in duce summo?
JUVENAL.

A MONSIEUR FONTANEY

C'est une chose grande et que tout homme envie
D'avoir un lustre en soi qu'on répand sur sa vie,
D'être choisi d'un peuple à venger son affront,
De ne point faire un pas qui n'ait trace en l'histoire,
Ou de chanter les yeux au ciel, et que la gloire
Fasse avec un regard reluire votre front.

Il est beau de courir par la terre usurpée,
Disciplinant les rois du plat de son épée.
D'être Napoléon, l'empereur radieux ;
D'être Dante, à son nom rendant les voix muettes.
Sans doute ils sont heureux, les héros, les poëtes,
Ceux que le bras fait rois, ceux que l'esprit fait dieux !

Il est beau, conquérant, législateur, prophète,
De marcher dépassant les hommes de la tête ;
D'être en la nuit de tous un éclatant flambeau,
Et que de vos vingt ans vingt siècles se souviennent !...
— Voilà ce que je dis : puis des pitiés me viennent
Quand je pense à tous ceux qui sont dans le tombeau !

Juillet 1829.

XIV

Oh primavera! gioventù dell' anno.
Oh gioventù! primavera della vita.

O mes lettres d'amour, de vertu, de jeunesse,
C'est donc vous ! Je m'enivre encore à votre ivresse !
    Je vous lis à genoux.
Souffrez que pour un jour je reprenne votre âge !
Laissez-moi me cacher, moi l'heureux et le sage,
    Pour pleurer avec vous !

J'avais donc dix-huit ans ! j'étais donc plein de songes !
L'espérance en chantant me berçait de mensonges.
    Un astre m'avait lui !
J'étais un dieu pour toi qu'en mon cœur seul je nomme !
J'étais donc cet enfant, hélas ! devant qui l'homme
    Rougit presque aujourd'hui !

O temps de rêverie, et de force, et de grâce !
Attendre tous les soirs une robe qui passe,
    Baiser un gant jeté !
Vouloir tout de la vie, amour, puissance et gloire !
Être pur, être fier, être sublime, et croire
    A toute pureté !

A présent j'ai senti, j'ai vu, je sais. — Qu'importe
Si moins d'illusions viennent ouvrir ma porte
    Qui gémit en tournant !

Oh ! que cet âge ardent qui me semblait si sombre,
A côté du bonheur qui m'abrite à son ombre
    Rayonne maintenant !

Que vous ai-je donc fait, ô mes jeunes-années !
Pour m'avoir fui si vite et vous être éloignées
    Me croyant satisfait ?
Hélas ! pour revenir m'apparaître si belles,
Quand vous ne pouvez plus me prendre sur vos ailes,
    Que vous ai-je donc fait ?

Oh ! quand ce doux passé, quand cet âge sans tache,
Avec sa robe blanche où notre amour s'attache,
    Revient dans nos chemins,
On s'y suspend, et puis que de larmes amères
Sur les lambeaux flétris de vos jeunes chimères
    Qui vous restent aux mains !

Oublions ! oublions ! Quand la jeunesse est morte,
Laissons-nous emporter par le vent qui l'emporte
    A l'horizon obscur.
Rien ne reste de nous ; notre œuvre est un problème.
L'homme, fantôme errant, passe sans laisser même
    Son ombre sur le mur '

  Mai 1830.

XV

> Sinite parvulos venire ad me.
> JÉSUS.

Laissez. — Tous ces enfants sont bien là. — Qui vous dit
Que la bulle d'azur que mon souffle agrandit
    A leur souffle indiscret s'écroule ?
Qui vous dit que leurs voix, leurs pas, leurs jeux, leurs cris,
Effarouchent la muse et chassent les péris ?... —
    Venez, enfants, venez en foule !

Venez autour de moi ; riez, chantez, courez !
Votre œil me jettera quelques rayons dorés,
    Votre voix charmera mes heures.
C'est la seule en ce monde, où rien ne nous sourit,
Qui vienne du dehors sans troubler dans l'esprit
    Le chœur des voix intérieures !

Fâcheux ! qui les vouliez écarter ! — Croyez-vous
Que notre cœur n'est pas plus serein et plus doux
    Au sortir de leurs jeunes rondes ?
Croyez-vous que j'ai peur quand je vois, au milieu
De mes rêves rougis ou de sang ou de feu,
    Passer toutes ces têtes blondes ?

La vie est-elle donc si charmante à vos yeux,
Qu'il faille préférer à tout ce bruit joyeux
    Une maison vide et muette ?

N'ôtez pas, la pitié même vous le défend,
Un rayon de soleil, un sourire d'enfant
    Au ciel sombre, au cœur de poëte !

— « Mais ils s'effaceront à leurs bruyants ébats,
« Ces mots sacrés que dit une muse tout bas,
    « Ces chants purs où l'âme se noie?... » —
Et que m'importe à moi, muse, chants, vanité,
Votre gloire perdue et l'immortalité,
    Si j'y gagne une heure de joie !

La belle ambition et le rare destin !
Chanter ! toujours chanter pour un écho lointain !
    Pour un vain bruit qui passe et tombe !
Vivre abreuvé de fiel, d'amertume et d'ennuis !
Expier dans ses jours les rêves de ses nuits !
    Faire un avenir à sa tombe !

Oh ! que j'aime bien mieux ma joie et mon plaisir,
Et toute ma famille avec tout mon loisir,
    Dût la gloire ingrate et frivole,
Dussent mes vers, troublés de ces ris familiers,
S'enfuir, comme devant un essaim d'écoliers
    Une troupe d'oiseaux s'envole !

Mais non. Au milieu d'eux rien ne s'évanouit.
L'orientale d'or plus riche épanouit
    Ses fleurs peintes et ciselées ;
La ballade est plus fraîche, et dans le ciel grondant
L'ode ne pousse pas d'un souffle moins ardent
    Le groupe des strophes ailées !

Je les vois reverdir dans leurs jeux éclatants,
Mes hymnes parfumés comme un chant de printemps.
    O vous, dont l'âme est épuisée,

O mes amis ! l'enfance aux riantes couleurs
Donne la poésie à nos vers, comme aux fleurs
    L'aurore donne la rosée !

Venez, enfants ! — A vous jardins, cours, escaliers !
Ebranlez et planchers, et plafonds, et piliers !
    Que le jour s'achève ou renaisse,
Courez et bourdonnez comme l'abeille aux champs !
Ma joie et mon bonheur et mon âme et mes chants
    Iront où vous irez, jeunesse !

Il est pour les cœurs sourds aux vulgaires clameurs
D'harmonieuses voix, des accords, des rumeurs,
    Qu'on n'entend que dans les retraites,
Notes d'un grand concert interrompu souvent,
Vents, flots, feuilles des bois, bruits dont l'âme en rêvant
    Se fait des musiques secrètes !

Moi, quel que soit le monde, et l'homme, et l'avenir,
Soit qu'il faille oublier ou se ressouvenir,
    Que Dieu m'afflige ou me console,
Je ne veux habiter la cité des vivants
Que dans une maison qu'une rumeur d'enfants
    Fasse toujours vivante et folle.

De même, si jamais enfin je vous revois,
Beau pays, dont la langue est faite pour ma voix,
    Dont mes yeux aimaient les campagnes,
Bords où mes pas enfants suivaient Napoléon,
Fortes villes du Cid ! ô Valence, ô Léon,
    Castille, Aragon, mes Espagnes !

Je ne veux traverser vos plaines, vos cités,
Franchir vos ponts d'une arche entre deux monts jetés,

Voir vos palais romains ou maures,
Votre Guadalquivir qui serpente et s'enfuit,
Que dans ces chars dorés qu'emplissent de leur bruit
Les grelots des mules sonores !

Mai 1830

XVI

Where should I steer?
BYRON.

Quand le livre où s'endort chaque soir ma pensée,
Quand l'air de la maison, les soucis du foyer,
Quand le bourdonnement de la ville insensée
Où toujours on entend quelque chose crier,
Quand tous ces mille soins de misère ou de fête
Qui remplissent nos jours, cercle aride et borné,
Ont tenu trop longtemps, comme un joug sur ma tête,
Le regard de mon âme à la terre tourné ;

Elle s'échappe enfin, va, marche, et dans la plaine
Prend le même sentier qu'elle prendra demain,
Qui l'égare au hasard, et toujours la ramène,
Comme un coursier prudent qui connaît le chemin.
Elle court aux forêts, où dans l'ombre indécise
Flottent tant de rayons, de murmures, de voix,
Trouve la rêverie au premier arbre assise,
Et toutes deux s'en vont ensemble dans les bois'

  Juin 1830.

XVII

Flebile nescio quid.
OVIDE.

Oh! pourquoi te cacher? Tu pleurais seule ici.
Devant tes yeux rêveurs qui donc passait ainsi?
    Quelle ombre flottait dans ton âme?
Etait-ce long regret, ou noir pressentiment,
Ou jeunes souvenirs dans le passé dormant,
    Ou vague faiblesse de femme?

Voyais-tu fuir déjà l'amour et ses douceurs,
Ou les illusions, toutes ces jeunes sœurs
    Qui, le matin, devant nos portes,
Dans l'avenir sans borne ouvrant mille chemins,
Dansent, des fleurs au front et les mains dans les mains,
    Et bien avant le soir sont mortes?

Ou bien te venait-il des tombeaux endormis
Quelque ombre douloureuse avec des traits amis,
    Te rappelant le peu d'années,
Et demandant tout bas quand tu viendrais le soir
Prier devant ces croix de pierre ou de bois noir
    Où pendent tant de fleurs fanées?

Mais non, ces visions ne te poursuivaient pas.
Il suffit pour pleurer de songer qu'ici-bas

Tout miel est amer, tout ciel sombre,
Que toute ambition trompe l'effort humain,
Que l'espoir est un leurre, et qu'il n'est pas de main
    Qui garde l'onde ou prenne l'ombre !

Toujours ce qui là-bas vole au gré du zéphyr
Avec des ailes d'or, de pourpre et de saphir,
    Nous fait courir et nous devance ;
Mais adieu l'aile d'or, pourpre, émail, vermillon,
Quand l'enfant a saisi le frêle papillon,
    Quand l'homme a pris son espérance !

Pleure. Les pleurs vont bien, même au bonheur ; tes chants
Sont plus doux dans les pleurs ; tes yeux purs et touchants
    Sont plus beaux quand tu les essuies.
L'été, quand il a plu, le champ est plus vermeil,
Et le ciel fait briller plus frais au beau soleil
    Son azur lavé par les pluies !

Pleure comme Rachel, pleure comme Sara.
On a toujours souffert ou bien on souffrira.
    Malheur aux insensés qui rient !
Le Seigneur nous relève alors que nous tombons.
Car il préfère encor les malheureux aux bons,
    Ceux qui pleurent à ceux qui prient !

Pleure afin de savoir ! Les larmes sont un don.
Souvent les pleurs, après l'erreur et l'abandon,
    Raniment nos forces brisées !
Souvent l'âme, sentant, au doute qui s'enfuit,
Qu'un jour intérieur se lève dans sa nuit,
    Répand de ces douces rosées !

Pleure ; mais tu fais bien, cache-toi pour pleurer.
Aie un asile en toi. Pour t'en désaltérer,

Pour les savourer avec charmes,
Sous le riche dehors de ta prospérité,
Dans le fond de ton cœur, comme un fruit pour l'été,
Mets à part ton trésor de larmes !

Car la fleur, qui s'ouvrit avec l'aurore en pleurs
Et qui fait à midi de ses belles couleurs
Admirer la splendeur timide,
Sous ses corolles d'or, loin des yeux importuns,
Au fond de ce calice où sont tous ses parfums,
Souvent cache une perle humide !

Juin 1830.

XVIII

Sed satis est jam posse mori.
LUCAN.

Où donc est le bonheur? disais-je. — Infortuné!
Le bonheur, ô mon Dieu, vous me l'avez donné.

Naître, et ne pas savoir que l'enfance éphémère,
Ruisseau de lait qui fuit sans une goutte amère,
Est l'âge du bonheur et le plus beau moment
Que l'homme, ombre qui passe, ait sous le firmament !
Plus tard, aimer,—garder dans son cœur de jeune homme
Un nom mystérieux que jamais on ne nomme,
Glisser un mot furtif dans une tendre main,
Aspirer aux douceurs d'un ineffable hymen,
Envier l'eau qui fuit, le nuage qui vole,
Sentir son cœur se fondre au son d'une parole,
Connaître un pas qu'on aime et que jaloux on suit,
Rêver le jour, brûler et se tordre la nuit,
Pleurer surtout cet âge où sommeillent les âmes,
Toujours souffrir, parmi tous les regards de femmes,
Tous les buissons d'avril, les feux du ciel vermeil,.
Ne chercher qu'un regard, qu'une fleur, qu'un soleil !

Puis effeuiller en hâte et d'une main jalouse
Les boutons d'orangers sur le front de l'épouse;
Tout sentir, être heureux, et pourtant, insensé !
Se tourner presque en pleurs vers le malheur passé ;
Voir aux feux de midi, sans espoir qu'il renaisse,
Se faner son printemps, son matin, sa jeunesse,

Perdre l'illusion, l'espérance, et sentir
Qu'on vieillit au fardeau croissant du repentir !
Effacer de son front des taches et des rides ;
S'éprendre d'art, de vers, de voyages arides,
De cieux lointains, de mers où s'égarent nos pas ;
Redemander cet âge où l'on ne dormait pas.
Se dire qu'on était bien malheureux, bien triste,
Bien fou, que maintenant on respire, on existe,
Et, plus vieux de dix ans, s'enfermer tout un jour
Pour relire avec pleurs quelques lettres d'amour !

Vieillir enfin, vieillir ! comme des fleurs fanées,
Voir blanchir nos cheveux et tomber nos années,
Rappeler notre enfance et nos beaux jours flétris,
Boire le reste amer de ces parfums aigris,
Etre sage, et railler l'amant et le poëte,
Et, lorsque nous touchons à la tombe muette,
Suivre en les rappelant d'un œil mouillé de pleurs
Nos enfants qui déjà sont tournés vers les leurs !

Ainsi l'homme, ô mon Dieu, marche toujours plus sombre
Du berceau qui rayonne au sépulcre plein d'ombre.
C'est donc avoir vécu ! c'est donc avoir été !
Dans l'amour et la joie et la félicité
C'est avoir eu sa part, et se plaindre est folie.
Voilà de quel nectar la coupe était remplie !
Hélas ! naitre pour vivre en désirant la mort !
Grandir en regrettant l'enfance où le cœur dort,
Vieillir en regrettant la jeunesse ravie,
Mourir en regrettant la vieillesse et la vie !

Où donc est le bonheur ? disais-je. — Infortuné !
Le bonheur, ô mon Dieu, vous me l'avez donné

Mai 1830.

XIX

Le toit s'égaye et rit.
ANDRÉ CHÉNIER.

Lorsque l'enfant paraît, le cercle de famille
Applaudit à grands cris; son doux regard qui brille
    Fait briller tous les yeux,
Et les plus tristes fronts, les plus souillés peut-être,
Se dérident soudain à voir l'enfant paraitre,
    Innocent et joyeux.

Soit que juin ait verdi mon seuil, ou que novembre
Fasse autour d'un grand feu vacillant dans la chambre
    Les chaises se toucher,
Quand l'enfant vient, la joie arrive et nous éclaire.
On rit, on se récrie, on l'appelle, et sa mère
    Tremble à le voir marcher.

Quelquefois nous parlons, en remuant la flamme,
De patrie et de Dieu, des poëtes, de l'âme
    Qui s'élève en priant;
L'enfant parait, adieu le ciel et la patrie
Et les poëtes saints ! la grave causerie
    S'arrête en souriant.

La nuit, quand l'homme dort, quand l'esprit rêve, à l'heure
Où l'on entend gémir, comme une voix qui pleure,
    L'onde entre les roseaux,

Si l'aube tout à coup là-bas luit comme un phare,
Sa clarté dans les champs éveille une fanfare
    De cloches et d'oiseaux !

Enfant, vous êtes l'aube et mon âme est la plaine
Qui des plus douces fleurs embaume son haleine
    Quand vous la respirez ;
Mon âme est la forêt dont les sombres ramures
S'emplissent pour vous seuls de suaves murmures
    Et de rayons dorés !

Car vos beaux yeux sont pleins de douceurs infinies,
Car vos petites mains, joyeuses et bénies,
    N'ont point mal fait encor ;
Jamais vos jeunes pas n'ont touché notre fange ;
Tête sacrée ! enfant aux cheveux blonds ! bel ange
    A l'auréole d'or !

Vous êtes parmi nous la colombe de l'arche.
Vos pieds tendres et purs n'ont point l'âge où l'on marche ;
    Vos ailes sont d'azur.
Sans le comprendre encor, vous regardez le monde.
Double virginité ! corps où rien n'est immonde,
    Ame où rien n'est impur !

Il est si beau, l'enfant avec son doux sourire,
Sa douce bonne foi, sa voix qui veut tout dire,
    Ses pleurs vite apaisés,
Laissant errer sa vue étonnée et ravie,
Offrant de toutes parts sa jeune âme à la vie
    Et sa bouche aux baisers !

Seigneur ! préservez-moi, préservez ceux que j'aime,
Frères, parents, amis, et mes ennemis même

Dans le mal triomphants,
De jamais voir, Seigneur, l'été sans fleurs vermeilles,
La cage sans oiseaux, la ruche sans abeilles,
La maison sans enfants!

Mai 1830.

XX

Beau, frais, souriant d'aise à cette vie amère.
SAINTE-BEUVE.

Dans l'alcôve sombre,
Près d'un humble autel,
L'enfant dort à l'ombre
Du lit maternel.
Tandis qu'il repose,
Sa paupière rose,
Pour la terre close,
S'ouvre pour le ciel.

Il fait bien des rêves.
Il voit par moments
Le sable des grèves
Plein de diamants,
Des soleils de flammes,
Et de belles dames
Qui portent des âmes
Dans leurs bras charmants.

Songe qui l'enchante !
Il voit des ruisseaux.
Une voix qui chante
Sort du fond des eaux.
Ses sœurs sont plus belles.
Son père est près d'elles.

Sa mère a des ailes
Comme les oiseaux.

Il voit mille choses
Plus belles encor;
Des lis et des roses
Plein le corridor;
Des lacs de délice
Où le poisson glisse,
Où l'onde se plisse
A des roseaux d'or!

Enfant, rêve encore!
Dors, ô mes amours!
Ta jeune âme ignore
Où s'en vont tes jours.
Comme une algue morte,
Tu vas, que t'importe!
Le courant t'emporte,
Mais tu dors toujours!

Sans soin, sans étude,
Tu dors en chemin;
Et l'inquiétude
A la froide main,
De son ongle aride,
Sur ton front candide
Qui n'a point de ride,
N'écrit pas : Demain!

Il dort, innocence!
Les anges sereins
Qui savent d'avance
Le sort des humains,

Le voyant sans armes,
Sans peur, sans alarmes,
Baisent avec larmes
Ses petites mains.

Leurs lèvres effleurent
Ses lèvres de miel.
L'enfant voit qu'ils pleurent
Et dit : Gabriel !
Mais l'ange le touche,
Et berçant sa couche,
Un doigt sur sa bouche,
Lève l'autre au ciel !

Cependant sa mère,
Prompte à le bercer,
Croit qu'une chimère
Le vient oppresser ;
Fière, elle l'admire,
L'entend qui soupire,
Et le fait sourire
Avec un baiser.

Novembre 1831.

XXI

> Πᾶν μοι συναρμόζει, ὅ σοι ἐνάρμοστόν ἐστε,
> ὦ κόσμε, οὐδέν μοι πρόωρον · οὐδε ὄψιμον, τὸ σοι
> εὔκαιρον · πᾶν καρπὸς, ὅ φέρουσιν αἱ σαὶ ὧραι,
> ὦ φύσις · ἐκ σοῦ πάντα, ἐν σοὶ πάντα, εἰς σε
> πάντα.
>
> MARC-AUREL.

Parfois, lorsque tout dort, je m'assieds plein de joie
Sous le dôme étoilé qui sur nos fronts flamboie ;
J'écoute si d'en haut il tombe quelque bruit ;
Et l'heure vainement me frappe de son aile
Quand je contemple, ému, cette fête éternelle
Que le ciel rayonnant donne au monde la nuit !

Souvent alors j'ai cru que ces soleils de flamme
Dans ce monde endormi n'échauffaient que mon âme
Qu'à les comprendre seul j'étais prédestiné ;
Que j'étais, moi, vaine ombre obscure et taciturne,
Le roi mystérieux de la pompe nocturne ;
Que le ciel pour moi seul s'était illuminé !

Novembre 1829.

XXII

C'est une âme charmante.
DIDEROT.

A UNE FEMME

Enfant ! si j'étais roi, je donnerais l'empire,
Et mon char, et mon sceptre, et mon peuple à genoux,
Et ma couronne d'or, et mes bains de porphyre,
Et mes flottes, à qui la mer ne peut suffire,
    Pour un regard de vous !

Si j'étais Dieu, la terre et l'air avec les ondes,
Les anges, les démons courbés devant ma loi,
Et le profond chaos aux entrailles profondes,
L'éternité, l'espace, et les cieux et les mondes,
    Pour un baiser de toi !

Mai 18...

XXIII

Quien no ama, no vive.

Oh ! qui que vous soyez, jeune ou vieux, riche ou sage,
Si jamais vous n'avez épié le passage,
Le soir, d'un pas léger, d'un pas mélodieux,
D'un voile blanc qui glisse et fuit dans les ténèbres,
Et, comme un météore au sein des nuits funèbres,
Vous laisse dans le cœur un sillon radieux ;

Si vous ne connaissez que pour l'entendre dire
Au poëte amoureux qui chante et qui soupire,
Ce suprême bonheur qui fait nos jours dorés,
De posséder un cœur sans réserve et sans voiles,
De n'avoir pour flambeaux, de n'avoir pour étoiles,
De n'avoir pour soleils que deux yeux adorés ;

Si vous n'avez jamais attendu, morne et sombre,
Sous les vitres d'un bal qui rayonne dans l'ombre,
L'heure où pour le départ les portes s'ouvriront,
Pour voir votre beauté, comme un éclair qui brille,
Rose avec des yeux bleus et toute jeune fille,
Passer dans la lumière avec des fleurs au front ;

Si vous n'avez jamais senti la frénésie
De voir la main qu'on veut par d'autres mains choisie,
De voir le cœur aimé battre sur d'autres cœurs ;
Si vous n'avez jamais vu d'un œil de colère
La valse impure, au vol lascif et circulaire,
Effeuiller en courant les femmes et les fleurs ;

Si jamais vous n'avez descendu les collines
Le cœur tout débordant d'émotions divines ;
Si jamais vous n'avez, le soir, sous les tilleuls,
Tandis qu'au ciel luisaient des étoiles sans nombre,
Aspiré, couple heureux, la volupté de l'ombre,
Cachés, et vous parlant tout bas, quoique tout seuls ;

Si jamais une main n'a fait trembler la vôtre ;
Si jamais ce seul mot qu'on dit l'un après l'autre,
Je t'aime ! n'a rempli votre âme tout un jour ;
Si jamais vous n'avez pris en pitié les trônes
En songeant qu'on cherchait les sceptres, les couronnes,
Et la gloire et l'empire, et qu'on avait l'amour !

La nuit, quand la veilleuse agonise dans l'urne,
Quand Paris, enfoui sous la brume nocturne
Avec la tour saxonne et l'église des Goths,
Laisse sans les compter passer les heures noires
Qui douze fois, semant les rêves illusoires,
S'envolent des clochers par groupes inégaux ;

Si jamais vous n'avez, à l'heure où tout sommeille,
Tandis qu'elle dormait, oublieuse et vermeille,
Pleuré comme un enfant à force de souffrir,
Crié cent fois son nom du soir jusqu'à l'aurore,
Et cru qu'elle viendrait en l'appelant encore,
Et maudit votre mère, et désiré mourir ;

Si jamais vous n'avez senti que d'une femme
Le regard dans votre âme allumait une autre âme,
Que vous étiez charmé, qu'un ciel s'était ouvert,
Et que pour cette enfant, qui de vos pleurs se joue,
Il vous serait bien doux d'expirer sur la roue ;...
Vous n'avez point aimé, vous n'avez point souffert !

Novembre 1831.

XXIV

Mens blanda in corpore blando.

Madame, autour de vous tant de grâce étincelle,
Votre chant est si pur, votre danse recèle
    Un charme si vainqueur,
Un si touchant regard baigne votre prunelle,
Toute votre personne a quelque chose en elle
    De si doux pour le cœur,

Que lorsque vous venez, jeune astre qu'on admire,
Eclairer notre nuit d'un rayonnant sourire
    Qui nous fait palpiter,
Comme l'oiseau des bois devant l'aube vermeille,
Une tendre pensée au fond des cœurs s'éveille
    Et se met à chanter!

Vous ne l'entendez pas, vous l'ignorez, madame,
Car la chaste pudeur enveloppe votre âme
    De ses voiles jaloux;
Et l'ange que le ciel commit à votre garde
N'a jamais à rougir quand, rêveur, il regarde
    Ce qui se passe en vous.

    Avril 1831.

XXV

Amor, ch'a null' amato amar perdona,
Mi prese del costui piacer si forte,
Che, come vedi, ancor non m'abbandona.
DANTE.

Contempler dans son bain sans voiles
Une fille aux yeux innocents;
Suivre de loin de blanches voiles;
Voir au ciel briller les étoiles
Et sous l'herbe les vers luisants;

Voir autour des mornes idoles
Des sultanes danser en rond;
D'un bal compter les girandoles;
La nuit, voir sur l'eau les gondoles
Fuir avec une étoile au front;

Regarder la lune sereine,
Dormir sous l'arbre du chemin;
Etre le roi lorsque la reine,
Par son sceptre d'or souveraine,
L'est aussi par sa blanche main;

Ouïr sur les harpes jalouses
Se plaindre la romance en pleurs
Errer, pensif, sur les pelouses,

Le soir, lorsque les Andalouses
De leurs balcons jettent des fleurs ;

Rêver, tandis que les rosées
Pleuvent d'un beau ciel espagnol,
Et que les notes embrasées
S'épanouissent en fusées
Dans la chanson du rossignol ;

Ne plus se rappeler le nombre
De ses jours, songes oubliés ;
Suivre fuyant dans la nuit sombre
Un esprit qui traîne dans l'ombre
Deux sillons de flamme à ses pieds ;

Des boutons d'or qu'avril étale
Dépouiller le riche gazon ;
Voir, après l'absence fatale,
Enfin de sa ville natale
Grandir la flèche à l'horizon ;

Non, tout ce qu'a la destinée
De biens réels ou fabuleux
N'est rien pour mon âme enchaînée,
Quand tu regardes inclinée
Mes yeux noirs avec tes yeux bleus !

Septembre 18...

XXVI

Oh! les tendres propos et les charmantes choses
Que me disait Aline en la saison des roses!
Doux zéphyrs qui passiez alors dans ces beaux lieux,
N'en rapportiez-vous rien à l'oreille des dieux?
SEGRAIS.

Vois, cette branche est rude, elle est noire, et la nue
Verse la pluie à flots sur son écorce nue;
Mais attends que l'hiver s'en aille, et tu vas voir
Une feuille percer ces nœuds si durs pour elle,
Et tu demanderas comment un bourgeon frêle
Peut, si tendre et si vert, jaillir de ce bois noir.

Demande alors pourquoi, ma jeune bien-aimée,
Quand sur mon âme, hélas! endurcie et fermée,
Ton souffle passe, après tant de maux expiés,
Pourquoi remonte et court ma séve évanouie,
Pourquoi mon âme en fleur et tout épanouie
Jette soudain des vers que j'effeuille à tes pieds!

C'est que tout a sa loi, le monde et la fortune;
C'est qu'une claire nuit succède aux nuits sans lune;
C'est que tout ici-bas a ses reflux constants;
C'est qu'il faut l'arbre au vent et la feuille au zéphire;
C'est qu'après le malheur m'est venu ton sourire;
C'est que c'était l'hiver et que c'est le printemps!

Février 18...

XXVII

Here's a sigh to those who love me,
And a smile to those who hate;
And, whatever, sky's above me,
Here's a heart for every fate.

BYRON.

A MES AMIS L. B. ET S. B.

Amis, c'est donc Rouen, la ville aux vieilles rues,
Aux vieilles tours, débris des races disparues,
La ville aux cent clochers carillonnant dans l'air,
Le Rouen des châteaux, des hôtels, des bastilles,
Dont le front hérissé de flèches et d'aiguilles
Déchire incessamment les brumes de la mer;

C'est Rouen qui vous a, Rouen qui vous enlève!
Je ne m'en plaindrai pas. J'ai souvent fait ce rêve
D'aller voir Saint-Ouen à moitié démoli,
Et tout m'a retenu, la famille, l'étude,
Mille soins, et surtout la vague inquiétude
Qui fait que l'homme craint son désir accompli.

J'ai différé. La vie à différer se passe.
De projets en projets, et d'espace en espace
Le fol esprit de l'homme en tout temps s'envola.
Un jour enfin, lassés du songe qui nous leurre,

Nous disons : « Il est temps. Exécutons! c'est l'heure. »
Alors nous retournons les yeux, — la mort est là !

Ainsi de mes projets. — Quand vous verrai-je, Espagne,
Et Venise et son golfe, et Rome et sa campagne,
Toi, Sicile, que ronge un volcan souterrain,
Grèce qu'on connaît trop, Sardaigne qu'on ignore,
Cités de l'aquilon, du couchant, de l'aurore,
Pyramides du Nil, cathédrales du Rhin !

Qui sait? Jamais peut-être. — Et quand m'abriterai-je
Près de la mer, ou bien sous un mont blanc de neige,
Dans quelque vieux donjon, tout plein d'un vieux héros,
Où le soleil, dorant les tourelles du faîte,
N'enverra sur mon front que des rayons de fête
Teints de pourpre et d'azur au prisme des vitraux?

Jamais non plus, sans doute. — En attendant, vaine ombre,
Oublié dans l'espace et perdu dans le nombre,
Je vis. J'ai trois enfants en cercle à mon foyer ;
Et lorsque la sagesse entr'ouvre un peu ma porte,
Elle me crie : « Ami! sois content. Que t'importe
Cette tente d'un jour qu'il faut sitôt ployer !

Et puis, dans mon esprit, des choses que j'espère
Je me fais cent récits, comme à son fils un père.
Ce que je voudrais voir, je le rêve si beau!
Je vois en moi des tours, des Romes, des Cordoues,
Qui jettent mille feux, muse, quand tu secoues
Sous leurs sombres piliers ton magique flambeau !

Ce sont des Alhambras, de hautes cathédrales,
Des Babels, dans la nue enfonçant leurs spirales,
De noirs Escurials, mystérieux séjour,

Des villes d'autrefois, peintes et dentelées,
Où chantent jour et nuit mille cloches ailées
Joyeuses d'habiter dans des clochers à jour !

Et je rêve ! et jamais villes impériales
N'éclipseront ce rêve aux splendeurs idéales.
Gardons l'illusion ; elle fuit assez tôt.
Chaque homme, dans son cœur, crée à sa fantaisie
Tout un monde enchanté d'art et de poésie :
C'est notre Chanaan que nous voyons d'en haut.

Restons où nous voyons. Pourquoi vouloir descendre,
Et toucher ce qu'on rêve, et marcher dans la cendre !
Que ferons-nous après ? où descendre ? où courir ?
Plus de but à chercher ! plus d'espoir qui séduise !
De la terre donnée à la terre promise
Nul retour, et Moïse a bien fait de mourir !

Restons loin des objets dont la vue est charmée ;
L'arc-en-ciel est vapeur, le nuage est fumée.
L'idéal tombe en poudre au toucher du réel.
L'âme en songe de gloire ou d'amour se consume.
Comme un enfant qui souffle en un flocon d'écume,
Chaque homme enfle une bulle où se reflète un ciel !

Frêle bulle d'azur, au roseau suspendue,
Qui tremble au moindre choc et vacille éperdue !
Voilà tous nos projets, nos plaisirs, notre bruit !
Folle création qu'un zéphir inquiète !
Sphère aux mille couleurs, d'une goutte d'eau faite !
Monde qu'un souffle crée et qu'un souffle détruit !

Rêver, c'est le bonheur ; attendre, c'est la vie.
Courses ! pays lointains ! voyages ! folle envie !

C'est assez d'accomplir le voyage éternel.
Tout chemine ici-bas vers un but de mystère.
Où va l'esprit dans l'homme? où va l'homme sur terre?
Seigneur! Seigneur! où va la terre dans le ciel?

Le saurons-nous jamais? — Qui percera vos voiles,
Noirs firmaments, semés de nuages d'étoiles?
Mer, qui peut dans ton lit descendre et regarder?
Où donc est la science? où donc est l'origine?
Cherchez au fond des mers cette perle divine,
Et, l'océan connu, l'âme reste à sonder!

Que faire et que penser? — Nier, douter ou croire!
Carrefour ténébreux! triple route! nuit noire!
Le plus sage s'assied sous l'arbre du chemin,
Disant tout bas : J'irai, Seigneur, où tu m'envoies.
Il espère; et, de loin, dans les trois sombres voies,
Il écoute, pensif, marcher le genre humain!

Mai 1830.

XXVIII

Buen viage!
GOYA.

A MES AMIS S. B. ET L. B.

Amis, mes deux amis, mon peintre, mon poëte !
Vous me manquez toujours, et mon âme inquiète
    Vous redemande ici.
Des deux amis, si chers à ma lyre engourdie,
Pas un ne m'est resté. Je t'en veux, Normandie,
    De me les prendre ainsi !

Ils emportent en eux toute ma poésie ;
L'un avec son doux luth de miel et d'ambroisie,
    L'autre avec ses pinceaux.
Peinture et poésie où s'abreuvait ma muse,
Adieu votre onde ! Adieu l'Alphée et l'Aréthuse
    Dont je mêlais les eaux !

Adieu surtout ces cœurs et ces âmes si hautes,
Dont toujours j'ai trouvé, pour mes maux et mes fautes,
    Si tendre la pitié !
Adieu toute la joie à leur commerce unie :
Car tous deux, ô douceur ! si divers de génie,
    Ont la même amitié !

Je crois d'ici les voir, le poëte et le peintre !
Ils s'en vont raisonnant de l'ogive et du cintre
    Devant un vieux portail ;
Ou, soudain, à loisir, changeant de fantaisie,
Poursuivent un œil noir dessous la jalousie,
    A travers l'éventail.

Oh ! de la jeune fille et du vieux monastère,
Toi, peins-nous la beauté, toi, dis-nous le mystère.
    Charmez-nous tour à tour.
A travers le blanc voile et la muraille grise
Votre œil, ô mes amis, sait voir Dieu dans l'église,
    Dans la femme l'amour !

Marchez, frères jumeaux, l'artiste avec l'apôtre !
L'un nous peint l'univers que nous explique l'autre ;
    Car, pour notre bonheur,
Chacun de vous, sur terre, a sa part qu'il réclame.
A toi, peintre, le monde ! A toi, poëte, l'âme !
    A tous deux le Seigneur !

    Mai 1830.

XXIX

Obscuritate rerum verba sæpè obscurantur.
GERVASIUS TILBERIENSIS.

LA PENTE DE LA RÊVERIE

Amis, ne creusez pas vos chères rêveries;
Ne fouillez pas le sol de vos plaines fleuries;
Et quand s'offre à vos yeux un océan qui dort,
Nagez à la surface ou jouez sur le bord;
Car la pensée est sombre! Une pente insensible
Va du monde réel à la sphère invisible;
La spirale est profonde, et, quand on y descend,
Sans cesse se prolonge et va s'élargissant,
Et, pour avoir touché quelque énigme fatale,
De ce voyage obscur souvent on revient pâle!

L'autre jour, il venait de pleuvoir, car l'été,
Cette année, est de brise et de pluie attristé,
Et le beau mois de mai, dont le rayon nous leurre,
Prend le masque d'avril, qui sourit et qui pleure.
J'avais levé le store aux gothiques couleurs.
Je regardais au loin les arbres et les fleurs.
Le soleil se jouait sur la pelouse verte
Dans les gouttes de pluie, et ma fenêtre ouverte
Apportait du jardin à mon esprit heureux
Un bruit d'enfants joueurs et d'oiseaux amoureux.

Paris, les grands ormeaux, maison, dôme, chaumière,
Tout flottait à mes yeux dans la riche lumière
De cet astre de mai dont le rayon charmant
Au bout de tout brin d'herbe allume un diamant
Je me laissais aller à ces trois harmonies,
Printemps, matin, enfance, en ma retraite unies;
La Seine ainsi que moi laissait son flot vermeil
Suivre nonchalamment sa pente, et le soleil
Faisait évaporer à la fois sur les grèves
L'eau du fleuve en brouillards et ma pensée en rêves !

Alors, dans mon esprit, je vis autour de moi
Mes amis, non confus, mais tels que je les voi
Quand ils viennent le soir, troupe grave et fidèle,
Vous, avec vos pinceaux dont la pointe étincelle,
Vous, laissant échapper vos vers au vol ardent,
Et nous tous, écoutant en cercle, ou regardant.
Ils étaient bien là tous, je voyais leurs visages,
Tous, même les absents qui font de longs voyages.
Puis tous ceux qui sont morts vinrent après ceux-ci,
Avec l'air qu'ils avaient quand ils vivaient aussi.
Quand j'eus, quelques instants, des yeux de ma pensée,
Contemplé leur famille à mon foyer pressée,
Je vis trembler leurs traits confus, et par degrés
Pâlir en s'effaçant leurs fronts décolorés,
Et tous, comme un ruisseau qui dans un lac s'écoule
Se perdre autour de moi dans une immense foule.
Foule sans nom ! chaos ! des voix, des yeux, des pas.
Ceux qu'on n'a jamais vus, ceux qu'on ne connaît pas.
Tous les vivants ! — cités bourdonnant aux oreilles
Plus qu'un bois d'Amérique ou des ruches d'abeilles,
Caravanes campant sur le désert en feu,
Matelots dispersés sur l'océan de Dieu,
Et, comme un pont hardi, sur l'onde qui chavire,

Jetant d'un monde à l'autre un sillon de navire,
Ainsi que l'araignée entre deux chênes verts
Jette un fil argenté qui flotte dans les airs !

Les deux pôles ! le monde entier ! la mer, la terre,
Alpes aux fronts de neige, Etnas au noir cratère,
Tout à la fois, automne, été, printemps, hiver,
Les vallons, descendant de la terre à la mer
Et s'y changeant en golfe, et des mers aux campagnes
Les caps épanouis en chaînes de montagnes,
Et les grands continents, brumeux, verts ou dorés,
Par les grands océans sans cesse dévorés,
Tout, comme un paysage en une chambre noire
Se réfléchit avec ses rivières de moire,
Ses passants, ses brouillards flottants comme un duvet,
Tout dans mon esprit sombre allait, marchait, vivait !
Alors, en attachant, toujours plus attentives,
Ma pensée et ma vue aux mille perspectives
Que le souffle du vent ou le pas des saisons
M'ouvrait à tous moments dans tous les horizons,
Je vis soudain surgir, parfois du sein des ondes,
A côté des cités vivantes des deux mondes,
D'autres villes aux fronts étranges, inouïs,
Sépulcres ruinés des temps évanouis,
Pleines d'entassements, de tours, de pyramides,
Baignant leurs pieds aux mers, leur tête aux cieux humides,
Quelques-unes sortaient de dessous des cités
Où les vivants encor bruissent agités,
Et des siècles passés jusqu'à l'âge où nous sommes
Je pus compter ainsi trois étages de Romes.
Et tandis qu'élevant leurs inquiètes voix,
Les cités des vivants résonnaient à la fois
Des murmures du peuple ou du pas des armées,
Ces villes du passé, muettes et fermées,

Sans fumée à leurs toits, sans rumeurs dans leurs seins,
Se taisaient et semblaient des ruches sans essaims.
J'attendais. Un grand bruit se fit. Les races mortes
De ces villes en deuil vinrent ouvrir les portes,
Et je les vis marcher ainsi que les vivants,
Et jeter seulement plus de poussière aux vents.
Alors, tours, aqueducs, pyramides, colonnes,
Je vis l'intérieur des vieilles Babylones,
Les Carthages, les Tyrs, les Thèbes, les Sions,
D'où sans cesse sortaient des générations.

Ainsi j'embrassais tout : et la terre, et Cybèle ;
La face antique auprès de la face nouvelle ;
Le passé, le présent ; les vivants et les morts ;
Le genre humain complet comme au jour du remords.
Tout parlait à la fois, tout se faisait comprendre,
Le pélage d'Orphée et l'étrusque d'Evandre,
Les runes d'Irmensul, le sphinx égyptien,
La voix du nouveau monde aussi vieux que l'ancien.

Or, ce que je voyais, je doute que je puisse
Vous le peindre : c'était comme un grand édifice
Formé d'entassements de siècles et de lieux ;
On n'en pouvait trouver les bords ni les milieux ;
A toutes les hauteurs, nations, peuples, races,
Mille ouvriers humains, laissant partout leurs traces,
Travaillaient nuit et jour, montant, croisant leurs pas,
Parlant chacun leur langue et ne s'entendant pas
Et moi je parcourais, cherchant qui me réponde,
De degrés en degrés cette Babel du monde.

La nuit avec la foule, en ce rêve hideux,
Venait, s'épaississant ensemble toutes deux,
Et, dans ces régions que nul regard ne sonde,

Plus l'homme était nombreux, plus l'ombre était profonde,
Tout devenait douteux et vague; seulement
Un souffle qui passait de moment en moment,
Comme pour me montrer l'immense fourmilière,
Ouvrait dans l'ombre au loin des vallons de lumière,
Ainsi qu'un coup de vent fait sur les flots troublés
Blanchir l'écume, ou creuse une onde dans les blés.
Bientôt autour de moi les ténèbres s'accrurent,
L'horizon se perdit, les formes disparurent,
Et l'homme avec la chose et l'être avec l'esprit
Flottèrent à mon souffle, et le frisson me prit.
J'étais seul. Tout fuyait. L'étendue était sombre.
Je voyais seulement au loin, à travers l'ombre,
Comme d'un océan les flots noirs et pressés,
Dans l'espace et le temps les nombres entassés !

Oh ! cette double mer du temps et de l'espace
Où le navire humain toujours passe et repasse,
Je voulus la sonder, je voulus en toucher
Le sable, y regarder, y fouiller, y chercher,
Pour vous en rapporter quelque richesse étrange,
Et dire si son lit est de roche ou de fange.
Mon esprit plongea donc sous ce flot inconnu,
Au profond de l'abîme il nagea seul et nu,
Toujours de l'ineffable allant à l'invisible...
Soudain il s'en revint avec un cri terrible,
Ebloui, haletant, stupide, épouvanté,
Car il avait au fond trouvé l'éternité.

Mai 1830.

A JOSEPH, COMTE DE S.

XXX

Cuncta supercilio.
HORAT.

SOUVENIR D'ENFANCE

Dans une grande fête, un jour, au Panthéon,
J'avais sept ans, je vis passer Napoléon.

Pour voir cette figure illustre et solennelle,
Je m'étais échappé de l'aile maternelle;
Car il tenait déjà mon esprit inquiet;
Mais ma mère aux doux yeux, qui souvent s'effrayait
En m'entendant parler guerre, assauts et bataille,
Craignait pour moi la foule, à cause de ma taille.

Et ce qui me frappa dans ma sainte terreur,
Quand au front du cortége apparut l'empereur,
Tandis que les enfants demandaient à leurs mères
Si c'est là ce héros dont on fait cent chimères;
Ce ne fut pas de voir tout ce peuple à grand bruit
Le suivre comme on suit un phare dans la nuit,

Et se montrer de loin, sur sa tête suprême,
Ce chapeau tout usé plus beau qu'un diadème.
Ni, pressés sur ses pas, dix vassaux couronnés
Regarder en tremblant ses pieds éperonnés,
Ni ses vieux grenadiers, se faisant violence,
Des cris universels s'enivrer en silence ;
Non, tandis qu'à genoux la ville tout en feu,
Joyeuse comme on est lorsqu'on n'a qu'un seul vœu,
Qu'on n'est qu'un même peuple et qu'ensemble on respire,
Chantait en chœur : Veillons au salut de l'Empire ;
Ce qui me frappa, dis-je, et me resta gravé,
Même après que le cri sur sa route élevé
Se fut évanoui dans ma jeune mémoire,
Ce fut de voir, parmi ces fanfares de gloire,
Dans le bruit qu'il faisait, cet homme souverain,
Passer, muet et grave, ainsi qu'un dieu d'airain !

Et le soir, curieux, je le dis à mon père,
Pendant qu'il défaisait son vêtement de guerre,
Et que je me jouais sur son dos indulgent
De l'épaulette d'or aux étoiles d'argent.

Mon père secoua la tête sans réponse.

Mais souvent une idée en notre esprit s'enfonce,
Ce qui nous a frappés nous revient par moments,
Et l'enfance naïve a ses étonnements.

Le lendemain, pour voir le soleil qui s'incline,
J'avais suivi mon père au haut de la colline
Qui domine Paris du côté du levant,
Et nous allions tous deux, lui pensant, moi rêvant.
Cet homme en mon esprit restait comme un prodige,
Et parlant à mon père : « O mon père, lui dis-je,

Pourquoi notre empereur, cet envoyé de Dieu,
Lui qui fait tout mouvoir et qui met tout en feu,
A-t-il ce regard froid et cet air immobile? »
Mon père dans ses mains prit ma tête débile,
Et me montrant au loin l'horizon spacieux :
— « Vois, mon fils, cette terre, immobile à tes yeux,
Plus que l'air, plus que l'onde et la flamme, est émue,
Car le germe de tout dans son ventre remue.
Dans ses flancs ténébreux, nuit et jour, en rampant,
Elle sent se plonger la racine, serpent
Qui s'abreuve aux ruisseaux des séves toujours prêtes,
Et fouille et boit sans cesse avec ses mille têtes.
Mainte flamme y ruisselle, et tantôt lentement
Imbibe le cristal qui devient diamant,
Tantôt dans quelque mine éblouissante et sombre
Allume des monceaux d'escarboucles sans nombre,
Ou, s'échappant au jour, plus magnifique encor,
Au front du vieil Etna met une aigrette d'or.
Toujours l'intérieur de la terre travaille.
Son flanc universel incessamment tressaille.
Goutte à goutte, et sans bruit qui réponde à son bruit,
La source de tout fleuve y filtre dans la nuit.
Elle porte à la fois, sur sa face où nous sommes,
Les blés et les cités, les forêts et les hommes.
Vois, tout est vert au loin, tout rit, tout est vivant.
Elle livre le chêne et le brin d'herbe au vent.
Les blés et les épis la couvrent à cette heure.
Eh bien! déjà, tandis que ton regard l'effleure,
Dans son sein, que n'épuise aucun enfantement,
Les futures moissons tremblent confusément!

« Ainsi travaille, enfant, l'âme active et féconde
Du poëte qui crée et du soldat qui fonde.
Mais ils n'en font rien voir. De la flamme à pleins bords

Qui les brûle au dedans, rien ne luit au dehors.
Ainsi Napoléon, que l'éclat environne
Et qui fit tant de bruit en forgeant sa couronne,
Ce chef que tout célèbre, et que pourtant tu vois,
Immobile et muet, passer sur le pavois,
Quand le peuple l'étreint, sent en lui ses pensées,
Qui l'étreignent aussi, se mouvoir plus pressées.
Déjà peut-être en lui mille choses se font,
Et tout l'avenir germe en son cerveau profond.
Déjà, dans sa pensée immense et clairvoyante,
L'Europe ne fait plus qu'une France géante,
Berlin, Vienne, Madrid, Moscou, Londres, Milan,
Viennent rendre à Paris hommage une fois l'an,
Le Vatican n'est plus que le vassal du Louvre,
La terre à chaque instant sous les vieux trônes s'ouvre.
Et de tous leurs débris sort pour le genre humain
Un autre Charlemagne, un autre globe en main !
Et, dans le même esprit où ce grand dessein roule,
Les bataillons futurs déjà marchent en foule,
Le conscrit résigné, sous un avis fréquent
Se dresse, le tambour résonne au front du camp,
D'ouvriers et d'outils Cherbourg couvre sa grève,
Le vaisseau colossal sur le chantier s'élève,
L'obusier rouge encor sort du fourneau qui bout,
Une marine flotte, une armée est debout !
Car la guerre toujours l'illumine et l'enflamme,
Et peut-être déjà, dans la nuit de cette âme,
Sous ce crâne, où le monde en silence est couvé,
D'un second Austerlitz le soleil s'est levé ! »

Plus tard, une autre fois, je vis passer cet homme,
Plus grand dans son Paris que César dans sa Rome.

Des discours de mon père alors je me souvins.
On l'entourait encor d'honneurs presque divins,
Et je lui retrouvai, rêveur à son passage,
Et la même pensée et le même visage.
Il méditait toujours son projet surhumain.
Cent aigles l'escortaient en empereur romain.
Ses régiments marchaient enseignes déployées ;
Ses lourds canons, baissant leurs bouches essuyées,
Couraient, et, traversant la foule aux pas confus,
Avec un bruit d'airain sautaient sur leurs affûts.
Mais bientôt, au soleil, cette tête admirée
Disparut dans un flot de poussière dorée,
Il passa. Cependant son nom sur la cité
Bondissait, des canons aux cloches rejeté ;
Son cortége emplissait de tumulte les rues,
Et par mille clameurs de sa présence accrues,
Par mille cris de joie et d'amour furieux,
Le peuple saluait ce passant glorieux !

   Novembre 1830.

XXXI

Ave, Maria, gratiâ plena.

A MADAME MARIE M.

Oh! votre œil est timide et votre front est doux;
Mais, quoique par pudeur et par pitié pour nous
    Vous teniez secrète votre âme,
Quand du souffle d'en haut votre cœur est touché,
Votre cœur, comme un feu sous la cendre caché,
    Soudain étincelle et s'enflamme.

Élevez-la souvent, cette voix qui se tait.
Quand vous vîntes au jour un rossignol chantait;
    Un astre charmant vous vit naître.
Enfant, pour vous marquer du poétique sceau,
Vous eûtes au chevet de votre heureux berceau
    Un dieu, votre père peut-être!

Deux vierges, Poésie et Musique, deux sœurs,
Vous font une pensée infinie en douceurs;
    Votre génie a deux aurores,
Et votre esprit tantôt s'épanche en vers touchants,
Tantôt sur le clavier, qui frémit sous vos chants,
    S'éparpille en notes sonores!

Oh! vous faites rêver le poëte, le soir!
Souvent il songe à vous lorsque le ciel est noir,
    Quand minuit déroule ses voiles;
Car l'âme du poëte, âme d'ombre et d'amour,
Est une fleur des nuits qui s'ouvre après le jour
    Et s'épanouit aux étoiles!

Décembre 1830.

XXXII

Qui donne au pauvre prête à Dieu.
v. h.

POUR LES PAUVRES

Dans vos fêtes d'hiver, riches, heureux du monde,
Quand le bal tournoyant de ses feux vous inonde,
Quand partout alentour de vos pas vous voyez
Briller et rayonner cristaux, miroirs, balustres,
Candélabres ardents, cercle étoilé des lustres,
Et la danse, et la joie au front des conviés;

Tandis qu'un timbre d'or sonnant dans vos demeures
Vous change en joyeux chant la voix grave des heures,
Oh ! songez-vous parfois que, de faim dévoré,
Peut-être un indigent, dans les carrefours sombres
S'arrête et voit danser vos lumineuses ombres
      Aux vitres du salon doré;

Songez-vous qu'il est là sous le givre et la neige,
Ce père sans travail que la famine assiége?
Et qu'il se dit tout bas : « Pour un seul que de biens !
« A son large festin que d'amis se récrient !
« Ce riche est bien heureux, ses enfants lui sourient !
« Rien que dans leurs jouets que de pain pour les miens ! »

Et puis à votre fête il compare en son âme
Son foyer où jamais ne rayonne une flamme,
Ses enfants affamés et leur mère en lambeau,
Et, sur un peu de paille étendue et muette,
L'aïeule, que l'hiver, hélas ! a déjà faite
      Assez froide pour le tombeau !

Car Dieu mit ces degrés aux fortunes humaines.
Les uns vont tout courbés sous le fardeau des peines :
Au banquet du bonheur bien peu sont conviés.
Tous n'y sont point assis également à l'aise.
Une loi qui d'en bas semble injuste et mauvaise
Dit aux uns : JOUISSEZ ! aux autres : ENVIEZ !

Cette pensée est sombre, amère, inexorable,
Et fermente en silence au cœur du misérable.
Riches, heureux du jour, qu'endort la volupté,
Que ce ne soit pas lui qui des mains vous arrache
Tous ces biens superflus où son regard s'attache ! —
      Oh ! que ce soit la charité !

L'ardente charité, que le pauvre idolâtre !
Mère de ceux pour qui la fortune est marâtre,
Qui relève et soutient ceux qu'on foule en passant,
Qui, lorsqu'il le faudra, se sacrifiant toute,
Comme le Dieu martyr dont elle suit la route,
Dira : « Buvez ! mangez ! c'est ma chair et mon sang ! »

Que ce soit elle, oh ! oui, riches, que ce soit elle
Qui, bijoux, diamants, rubans, hochets, dentelle,
Perles, saphirs, joyaux toujours faux, toujours vains,
Pour nourrir l'indigent et pour sauver vos âmes,
Des bras de vos enfants et du sein de vos femmes
      Arrache tout à pleines mains !

Donnez, riches ! L'aumône est sœur de la prière,
Hélas ! quand un vieillard, sur votre seuil de pierre,
Tout roidi par l'hiver, en vain tombe à genoux ;
Quand les petits enfants, les mains de froid rougies,
Ramassent sous vos pieds les miettes des orgies,
La face du Seigneur se détourne de vous.

Donnez ! afin que Dieu, qui dote les familles,
Donne à vos fils la force et la grâce à vos filles ;
Afin que votre vigne ait toujours un doux fruit ;
Afin qu'un blé plus mûr fasse plier vos granges ;
Afin d'être meilleurs ; afin de voir les anges
    Passer dans vos rêves la nuit !

Donnez ! il vient un jour où la terre nous laisse,
Vos aumônes là-haut vous font une richesse.
Donnez, afin qu'on dise : « Il a pitié de nous ! »
Afin que l'indigent que glacent les tempêtes,
Que le pauvre qui souffre à côté de vos fêtes,
Au seuil de vos palais fixe un œil moins jaloux.

Donnez ! pour être aimés du Dieu qui se fit homme,
Pour que le méchant même en s'inclinant vous nomme,
Pour que votre foyer soit calme et fraternel ;
Donnez ! afin qu'un jour, à votre heure dernière,
Contre tous vos péchés vous ayez la prière
    D'un mendiant puissant au ciel !

Janvier 1830.

XXXIII

T'is vain to struggle — let me perish young—
Live as I have lived; and love as I have loved;
To dust if I return, from dust I sprung,
And then, at least, my heart can he'er be moved.
BYRON.

A ***, TRAPPISTE A LA MEILLERAYE

Mon frère, la tempête a donc été bien forte,
Le vent impétueux qui souffle et nous emporte
    De récif en récif
A donc, quand vous partiez, d'une aile bien profonde,
Creusé le vaste abime et bouleversé l'onde
    Autour de votre esquif,

Que tour à tour, en hâte, et de peur du naufrage,
Pour alléger la nef en butte au sombre orage,
    En proie au flot amer,
Il a fallu, plaisirs, liberté, fantaisie,
Famille, amour, trésors, jusqu'à la poésie,
    Tout jeter à la mer !

Et qu'enfin seul et nu, vous voguez solitaire,
Allant où va le flot, sans jamais prendre terre,
    Calme, vivant de peu,
Ayant dans votre esquif, qui des nôtres s'isole,
Deux choses seulement, la voile et la boussole,
    Votre âme et votre Dieu !

Mai 1830.

XXXIV

Un horizon fait à souhait pour le plaisir des yeux.
FÉNELON.

BIÈVRE

A MADEMOISELLE LOUISE B.

I

Oui, c'est bien le vallon ! le vallon calme et sombre !
Ici l'été plus frais s'épanouit à l'ombre.
Ici durent longtemps les fleurs qui durent peu.
Ici l'âme contemple, écoute, adore, aspire,
Et prend pitié du monde, étroit et fol empire
Où l'homme tous les jours fait moins de place à Dieu !

Une rivière au fond, des bois sur les deux pentes.
Là des ormeaux, brodés de cent vignes grimpantes;
Des prés, où le faucheur brunit son bras nerveux ;
Là des saules pensifs, qui pleurent sur la rive,
Et, comme une baigneuse indolente et naïve,
Laissent tremper dans l'eau le bout de leurs cheveux.

Là-bas un gué bruyant dans des eaux poissonneuses
Qui montrent aux passants les jambes des faneuses;

Des carrés de blé d'or ; des étangs au flot clair ;
Dans l'ombre, un mur de craie et des toits noirs de suie ;
Les ocres des ravins, déchirés par la pluie ;
Et l'aqueduc au loin qui semble un pont de l'air.

Et, pour couronnement à ces collines vertes,
Les profondeurs du ciel toutes grandes ouvertes,
Le ciel, bleu pavillon par Dieu même construit,
Qui, le jour, emplissant de plis d'azur l'espace,
Semble un dais suspendu sur le soleil qui passe,
Et dont on ne peut voir les clous d'or que la nuit !

Oui, c'est un de ces lieux où notre cœur sent vivre
Quelque chose des cieux qui flotte et qui l'enivre ;
Un de ces lieux qu'enfant j'aimais et je rêvais,
Dont la beauté sereine, inépuisable, intime,
Verse à l'âme un oubli, sérieux et sublime
De tout ce que la terre et l'homme ont de mauvais !

II

Si dès l'aube on suit les lisières
Du bois, abri des jeunes faons,
Par l'âpre chemin dont les pierres
Offensent les mains des enfants,
A l'heure où le soleil s'élève,
Où l'arbre sent monter la séve,
La vallée est comme un beau rêve.
La brume écarte son rideau.
Partout la nature s'éveille.
La fleur s'ouvre, rose et vermeille ;
La brise y suspend une abeille,
La rosée une goutte d'eau !

Et dans ce charmant paysage
Où l'esprit flotte, où l'œil s'enfuit,
Le buisson, l'oiseau de passage,
L'herbe qui tremble et qui reluit,
Le vieil arbre que l'âge ploie,
Le donjon qu'un moulin coudoie,
Le ruisseau de moire et de soie,
Le champ où dorment les aïeux,
Ce qu'on voit pleurer ou sourire,
Ce qui chante et ce qui soupire,
Ce qui parle et ce qui respire,
Tout fait un bruit harmonieux!

III

Et si le soir, après mille errantes pensées,
De sentiers en sentiers en marchant dispersées,
Du haut de la colline on descend vers ce toit
Qui vous a tout le jour, dans votre rêverie,
Fait regarder en bas, au fond de la prairie,
    Comme une belle fleur qu'on voit;

Et si vous êtes là, vous dont la main de flamme
Fait parler au clavier la langue de votre âme;
Si c'est un des moments, doux et mystérieux,
Où la musique, esprit d'extase et de délire,
Dont les ailes de feu font le bruit d'une lyre,
Réverbère en vos chants la splendeur de vos yeux;

Si les petits enfants qui vous cherchent sans cesse,
Mêlent leur joyeux rire au chant qui vous oppresse;
Si votre noble père, à leurs jeux turbulents,
Sourit, en écoutant votre hymne commencée,

Lui, le sage et l'heureux, dont la jeune pensée
    Se couronne de cheveux blancs;

Alors, à cette voix qui remue et pénètre,
Sous ce ciel étoilé qui luit à la fenêtre,
On croit à la famille, au repos, au bonheur;
Le cœur se fond en joie, en amour, en prière;
On sent venir des pleurs au bord de sa paupière;
On lève au ciel les mains en s'écriant : Seigneur!

IV

Et l'on ne songe plus, tant notre âme saisie
Se perd dans la nature et dans la poésie,
Que tout près, par les bois et les ravins caché,
Derrière le ruban de ces collines bleues,
A quatre de ces pas que nous nommons des lieues,
    Le géant Paris est couché!

On ne s'informe plus si la ville fatale,
Du monde en fusion ardente capitale,
Ouvre et ferme à tel jour ses cratères fumants;
Et de quel air les rois, à l'instant où nous sommes,
Regardent bouillonner dans ce vésuve d'hommes
    La lave des événements!

6 juillet 1831.

XXXV

SOLEILS COUCHANTS

Merveilleux tableaux que la vue découvre à la pensée.
CH. NODIER.

I

J'aime les soirs sereins et beaux, j'aime les soirs,
Soit qu'ils dorent le front des antiques manoirs
  Ensevelis dans les feuillages;
Soit que la brume au loin s'allonge en bancs de feu,
Soit que mille rayons brisent dans un ciel bleu
  A des archipels de nuages.

Oh! regardez le ciel! cent nuages mouvants,
Amoncelés là-haut sous le souffle des vents,
  Groupent leurs formes inconnues;
Sous leurs flots par moments flamboie un pâle éclair,
Comme si tout à coup quelque géant de l'air
  Tirait son glaive dans les nues.

Le soleil, à travers leurs ombres, brille encor;
Tantôt fait, à l'égal des larges dômes d'or,
  Luire le toit d'une chaumière;
Ou dispute aux brouillards les vagues horizons;
Ou découpe, en tombant sur les sombres gazons,
  Comme de grands lacs de lumière.

Puis voilà qu'on croit voir, dans le ciel balayé,
Pendre un grand crocodile au dos large et rayé,
    Aux trois rangs de dents acérées;
Sous son ventre plombé glisse un rayon du soir;
Cent nuages ardents luisent sous son flanc noir
    Comme des écailles dorées.

Puis se dresse un palais; puis l'air tremble et tout fuit.
L'édifice effrayant des nuages détruit
    S'écroule en ruines pressées;
Il jonche au loin le ciel, et ses cônes vermeils
Pendent, la pointe en bas, sur nos têtes, pareils
    A des montagnes renversées.

Ces nuages de plomb, d'or, de cuivre, de fer,
Où l'ouragan, la trombe, et la foudre et l'enfer,
    Dorment avec de sourds murmures,
C'est Dieu qui les suspend en foule aux cieux profonds,
Comme un guerrier qui pend aux poutres des plafonds
    Ses retentissantes armures!

Tout s'en va! Le soleil, d'en haut précipité,
Comme un globe d'airain qui, rouge, est rejeté
    Dans les fournaises remuées,
En tombant sur leurs flots que son choc désunit,
Fait en flocons de feu jaillir jusqu'au zénith
    L'ardente écume des nuées!

Oh! contemplez le ciel! et dès qu'a fui le jour,
En tout temps, en tout lieu, d'un ineffable amour
    Regardez à travers ces voiles;
Un mystère est au fond de leur grave beauté,
L'hiver, quand ils sont noirs comme un linceul, l'été,
    Quand la nuit les brode d'étoiles!

    Juin 1828.

II

Le jour s'enfuit des cieux ; sous leur transparent voile
De moments en moments se hasarde une étoile ;
La nuit, pas à pas, monte au trône obscur des soirs ;
Un coin du ciel est brun, l'autre lutte avec l'ombre ;
Et déjà, succédant au couchant rouge et sombre,
Le crépuscule gris meurt sur les coteaux noirs.

Et là-bas, allumant ses vitres étoilées,
Avec sa cathédrale aux flèches dentelées,
Les tours de son palais, les tours de sa prison,
Avec ses hauts clochers, sa bastille obscurcie,
Posée au bord du ciel comme une longue scie,
La ville aux mille toits découpe l'horizon.

Oh ! qui m'emportera sur quelque tour sublime
D'où la cité sous moi s'ouvre comme un abîme ?
Que j'entende, écoutant la ville où nous rampons,
Mourir sa vaste voix, qui semble un cri de veuve,
Et qui, le jour, gémit plus haut que le grand fleuve,
Le grand fleuve irrité luttant contre les ponts !

Que je voie, à mes yeux en fuyant apparues,
Les étoiles des chars se croiser dans les rues,
Et serpenter le peuple en l'étroit carrefour,
Et tarir la fumée au bout des cheminées,
Et, glissant sur le front des maisons blasonnées,
Cent clartés naître, luire et passer tour à tour !

Que la vieille cité, devant moi, sur sa couche,
S'étende ; qu'un soupir s'échappe de sa bouche,
Comme si de fatigue on l'entendait gémir !
Que, veillant seul, debout sur son front que je foule,

Avec mille bruits sourds d'océan et de foule,
Je regarde à mes pieds la géante dormir!

  Juillet 1828.

III

Plus loin! allons plus loin!—Aux feux du couchant sombre,
J'aime à voir dans les champs croître et marcher mon ombre.
Et puis, la ville est là! Je l'entends, je la voi.
Pour que j'écoute en paix ce que dit ma pensée,
  Ce Paris, à la voix cassée,
  Bourdonne encor trop près de moi.

Je veux fuir assez loin pour qu'un buisson me cache
Ce brouillard que son front porte comme un panache,
Ce nuage éternel sur ses tours arrêté;
Pour que du moucheron, qui bruit et qui passe,
  L'humble et grêle murmure efface
  La grande voix de la cité!

  Août 1828.

IV

Oh! sur des ailes, dans les nues,
Laissez-moi fuir! laissez-moi fuir!
Loin des régions inconnues
C'est assez rêver et languir!
Laissez-moi fuir vers d'autres mondes.
C'est assez, dans les nuits profondes,
Suivre un phare, chercher un mot.
C'est assez de songe et de doute.
Cette voix, que d'en bas j'écoute,
Peut-être on l'entend mieux là-haut.

Allons ! des ailes ou des voiles !
Allons ! un vaisseau tout armé !
Je veux voir les autres étoiles
Et la croix du sud enflammé.
Peut-être dans cette autre terre
Trouve-t-on la clef du mystère
Caché sous l'ordre universel :
Et peut-être aux fils de la lyre
Est-il plus facile de lire
Dans cette autre page du ciel !

  Août 1828.

V

Quelquefois, sous les plis des nuages trompeurs,
Loin dans l'air, à travers les brèches des vapeurs
  Par le vent du soir remuées,
Derrière les derniers brouillards, plus loin encor,
Apparaissent soudain les mille étages d'or
  D'un édifice de nuées !

Et l'œil épouvanté, par delà tous nos cieux,
Sur une île de l'air au vol audacieux,
  Dans l'éther libre aventurée,
L'œil croit voir jusqu'au ciel monter, monter toujours,
Avec ses escaliers, ses ponts, ses grandes tours,
  Quelque Babel démesurée !

  Septembre 1828.

VI

Le soleil s'est couché ce soir dans les nuées ;
Demain viendra l'orage, et le soir, et la nuit ;

Puis l'aube, et ses clartés de vapeurs obstruées ;
Puis les nuits, puis les jours, pas du temps qui s'enfuit !

Tous ces jours passeront ; ils passeront en foule
Sur la face des mers, sur la face des monts,
Sur les fleuves d'argent, sur les forêts où roule
Comme un hymne confus des morts que nous aimons.

Et la face des eaux, et le front des montagnes,
Ridés et non vieillis, et les bois toujours verts
S'iront rajeunissant ; le fleuve des campagnes
Prendra sans cesse aux monts le flot qu'il donne aux mers.

Mais moi, sous chaque jour courbant plus bas ma tête,
Je passe, et, refroidi sous ce soleil joyeux,
Je m'en irai bientôt, au milieu de la fête,
Sans que rien manque au monde immense et radieux !

   Avril 1829.

XXXVI

Oh! talk not to me of a name great in story;
The days of our youth are the days of our glory;
And the myrtle and ivy of sweet two-and-twenty
Are worth all your laurels, though ever so plenty.
                    BYRON.

Un jour vient ou soudain l'artiste généreux
A leur poids sur son front sent les ans plus nombreux.
Un matin il s'éveille avec cette pensée :
— Jeunesse aux jours dorés, je t'ai donc dépensée !
Oh! qu'il m'en reste peu! Je vois le fond du sort
Comme un prodigue en pleurs le fond du coffre-fort ! —

Il sent, sous le soleil qui plus ardent s'épanche,
Comme à midi les fleurs, sa tête qui se penche,
Si d'aventure il trouve, en suivant son destin,
Le gazon sous ses pas mouillé comme au matin,
Il dit, car il sait bien que son aube est passée :
— C'est de la pluie, hélas! et non de la rosée! —
C'en est fait. Son génie est plus mûr désormais;
Son aile atteint peut-être à de plus fiers sommets;
La fumée est plus rare au foyer qu'il allume;
Son astre haut monté soulève moins de brume;
Son coursier applaudi parcourt mieux le champ clos;
Mais il n'a plus en lui, pour l'épandre à grands flots
Sur des œuvres, de grâce et d'amour couronnées,
Le frais enchantement de ses jeunes années!

Oh! rien ne rend cela! — Quand il s'en va cherchant
Ces pensers de hasard que l'on trouve en marchant,
Et qui font que le soir l'artiste chez son hôte
Rentre le cœur plus fier et la tête plus haute;
Quand il sort pour rêver, et qu'il erre incertain,
Soit dans les prés lustrés au gazon de satin,
Soit dans un bois qu emplit cette chanson sonore
Que le petit oiseau chante à la jeune aurore,
Soit dans le carrefour bruyant et fréquenté,
— Car Paris et la foule ont aussi leur beauté,
Et les passants ne sont, le soir, sur les quais sombres,
Qu'un flux et qu'un reflux de lumières et d'ombres; —
Toujours au fond de tout, toujours dans son esprit,
Même quand l'art le tient, l'enivre et lui sourit,
Même dans ses chansons, même dans ses pensées
Les plus joyeusement écloses et bercées,
Il retrouve, attristé, le regret morne et froid
Du passé disparu, du passé quel qu'il soit!

  Novembre 1831.

XXXVII

Ora pro nobis.

LA PRIÈRE POUR TOUS

I

Ma fille! va prier. — Vois, la nuit est venue
Une planète d'or là-bas perce la nue ;
La brume des coteaux fait trembler le contour,
A peine un char lointain glisse dans l'ombre... Ecoute !
Tout rentre et se repose ; et l'arbre de la route
Secoue au vent du soir la poussière du jour !

Le crépuscule, ouvrant la nuit qui les recèle,
Fait jaillir chaque étoile en ardente étincelle ;
L'occident amincit sa frange de carmin ;
La nuit de l'eau dans l'ombre argente la surface ;
Sillons, sentiers, buissons, tout se mêle et s'efface ;
Le passant inquiet doute de son chemin.

Le jour est pour le mal, la fatigue et la haine.
Prions : voici la nuit ! la nuit grave et sereine !
Le vieux pâtre, le vent aux brèches de la tour,
Les étangs, les troupeaux, avec leur voix cassée,
Tout souffre et tout se plaint. La nature lassée
A besoin de sommeil, de prière et d'amour !

C'est l'heure où les enfants parlent avec les anges.
Tandis que nous courons à nos plaisirs étranges,
Tous les petits enfants, les yeux levés au ciel,
Mains jointes et pieds nus, à genoux sur la pierre,
Disant à la même heure une même prière,
Demandent pour nous grâce au Père universel !

Et puis ils dormiront. — Alors, épars dans l'ombre,
Les rêves d'or, essaim tumultueux, sans nombre,
Qui naît aux derniers bruits du jour à son déclin,
Voyant de loin leur souffle et leurs bouches vermeilles,
Comme volent aux fleurs de joyeuses abeilles,
Viendront s'abattre en foule à leurs rideaux de lin !

O sommeil du berceau ! prière de l'enfance !
Voix qui toujours caresse et qui jamais n'offense !
Douce religion qui s'égaye et qui rit !
Prélude du concert de la nuit solennelle !
Ainsi que l'oiseau met sa tête sous son aile,
L'enfant dans la prière endort son jeune esprit !

II

Ma fille, va prier ! — D'abord, surtout, pour celle
Qui berça tant de nuits ta couche qui chancelle,
Pour celle qui te prit jeune âme dans le ciel,
Et qui te mit au monde, et depuis, tendre mère,
Faisant pour toi deux parts dans cette vie amère,
Toujours a bu l'absinthe et t'a laissé le miel !

Puis ensuite pour moi ! j'en ai plus besoin qu'elle !
Elle est, ainsi que toi, bonne, simple et fidèle !
Elle a le front limpide et le cœur satisfait.

Beaucoup ont sa pitié; nul ne lui fait envie;
Sage et douce, elle prend patiemment la vie;
Elle souffre le mal sans savoir qui le fait.

Tout en cueillant des fleurs, jamais sa main novice
N'a touché seulement à l'écorce du vice;
Nul piége ne l'attire à son riant tableau;
Elle est pleine d'oubli pour les choses passées;
Elle ne connaît pas les mauvaises pensées
Qui passent dans l'esprit comme une ombre sur l'eau.

Elle ignore — à jamais ignore-les comme elle ! —
Ces misères du monde où notre âme se mêle;
Faux plaisirs, vanités, remords, soucis rongeurs,
Passions sur le cœur flottant comme une écume,
Intimes souvenirs de honte et d'amertume
Qui font monter au front de subites rougeurs !

Moi je sais mieux la vie; et je pourrai te dire,
Quand tu seras plus grande et qu'il faudra t'instruire,
Que poursuivre l'empire, et la fortune et l'art,
C'est folie et néant; que l'urne aléatoire
Nous jette bien souvent la honte pour la gloire,
Et que l'on perd son âme à ce jeu de hasard !

L'âme en vivant s'altère; et quoiqu'en toute chose
La fin soit transparente et laisse voir la cause,
On vieillit sous le vice et l'erreur abattu;
A force de marcher, l'homme erre, l'esprit doute.
Tous laissent quelque chose aux buissons de la route,
Les troupeaux leur toison, et l'homme sa vertu !

Va donc prier pour moi ! — Dis pour toute prière :
— Seigneur, Seigneur mon Dieu ! vous êtes notre père,

Grâce, vous êtes bon! grâce, vous êtes grand! —
Laisse aller ta parole où ton âme l'envoie;
Ne t'inquiète pas, toute chose a sa voie,
Ne t'inquiète pas du chemin qu'elle prend!

Il n'est rien ici-bas qui ne trouve sa pente.
Le fleuve jusqu'aux mers dans les plaines serpente;
L'abeille sait la fleur qui recèle le miel.
Toute aile vers son but incessamment retombe :
L'aigle vole au soleil, le vautour à la tombe,
L'hirondelle au printemps et la prière au ciel!

Lorsque pour moi vers Dieu ta voix s'est envolée,
Je suis comme l'esclave, assis dans la vallée,
Qui dépose sa charge aux bornes du chemin;
Je me sens plus léger : car ce fardeau de peine,
De fautes et d'erreurs qu'en gémissant je traine,
Ta prière en chantant l'emporte dans sa main!

Va prier pour ton père! — Afin que je sois digne
De voir passer en rêve un ange au vol de cygne,
Pour que mon âme brûle avec les encensoirs!
Efface mes péchés sous ton souffle candide,
Afin que mon cœur soit innocent et splendide
Comme un pavé d'autel qu'on lave tous les soirs!

III

Prie encor pour tous ceux qui passent
Sur cette terre des vivants!
Pour ceux dont les sentiers s'effacent
A tous les flots, à tous les vents!
Pour l'insensé qui met sa joie
Dans l'éclat d'un manteau de soie,

Dans la vitesse d'un cheval !
Pour quiconque souffre et travaille,
Qu'il s'en revienne ou qu'il s'en aille,
Qu'il fasse le bien ou le mal !

Pour celui que le plaisir souille
D'embrassements jusqu'au matin,
Qui prend l'heure où l'on s'agenouille
Pour sa danse et pour son festin,
Qui fait hurler l'orgie infâme
Au même instant du soir où l'âme
Répète son hymne assidu,
Et, quand la prière est éteinte,
Poursuit, comme s'il avait crainte
Que Dieu ne l'ait pas entendu !

Enfant ! pour les vierges voilées !
Pour le prisonnier dans sa tour !
Pour les femmes échevelées
Qui vendent le doux nom d'amour !
Pour l'esprit qui rêve et médite !
Pour l'impie à la voix maudite
Qui blasphème la sainte loi ! —
Car la prière est infinie !
Car tu crois pour celui qui nie !
Car l'enfance tient lieu de foi !

Prie aussi pour ceux que recouvre
La pierre du tombeau dormant,
Noir précipice qui s'entr'ouvre
Sous notre foule à tout moment.
Toutes ces âmes en disgrâce
Ont besoin qu'on les débarrasse
De la vieille rouille du corps.

Souffrent-elles moins pour se taire !
Enfant ! regardons sous la terre !
Il faut avoir pitié des morts !

IV

A genoux, à genoux, à genoux sur la terre
Où ton père a son père, où ta mère a sa mère,
Où tout ce qui vécut dort d'un sommeil profond !
Abîme où la poussière est mêlée aux poussières,
Où sous son père encore on retrouve des pères,
Comme l'onde sous l'onde en une mer sans fond !

Enfant ! quand tu t'endors, tu ris ! L'essaim des songes
Tourbillonne, joyeux, dans l'onde où tu te plonges,
S'effarouche à ton souffle, et puis revient encor ;
Et tu rouvres enfin tes yeux divins que j'aime,
En même temps que l'aube, œil céleste elle-même,
Entr'ouvre à l'horizon sa paupière aux cils d'or !

Mais eux, si tu savais de quel sommeil ils dorment !
Leurs lits sont froids et lourds à leurs os qu'ils déforment.
Les anges autour d'eux ne chantent pas en chœur
De tout ce qu'ils ont fait le rêve les accable.
Pas d'aube pour leur nuit ; le remords implacable
S'est fait ver du sépulcre et leur ronge le cœur.

Tu peux avec un mot, tu peux d'une parole,
Faire que le remords prenne une aile et s'envole !
Qu'une douce chaleur réjouisse leurs os !
Qu'un rayon touche encor leur paupière ravie,
Et qu'il leur vienne un bruit de lumière et de vie,
Quelque chose des vents, des forêts et des eaux !

Oh! dis-moi, quand tu vas, jeune, et déjà pensive,
Errer au bord d'un flot qui se plaint sur sa rive,
Sous des arbres dont l'ombre emplit l'âme d'effroi,
Parfois, dans les soupirs de l'onde et de la brise,
N'entends-tu pas de souffle et de voix qui te dise :
—Enfant! quand vous prirez, prirez-vous pas pour moi?—

C'est la plainte des morts!—Les morts pour qui l'on prie
Ont sur leur lit de terre une herbe plus fleurie.
Nul démon ne leur jette un sourire moqueur.
Ceux qu'on oublie, hélas! — leur nuit est froide et sombre,
Toujours quelque arbre affreux, qui les tient sous son ombre,
Leur plonge sans pitié ses racines au cœur!

Prie! afin que le père, et l'oncle, et les aïeules,
Qui ne demandent plus que nos prières seules,
Tressaillent dans leur tombe en s'entendant nommer
Sachent que sur la terre on se souvient encore,
Et, comme le sillon qui sent la fleur éclore,
Sentent dans leur œil vide une larme germer!

V

Ce n'est pas à moi, ma colombe,
De prier pour tous les mortels,
Pour les vivants dont la foi tombe,
Pour tous ceux qu'enferme la tombe,
Cette racine des autels!

Ce n'est pas moi dont l'âme est vaine,
Pleine d'erreurs, vide de foi,
Qui prirais pour la race humaine,
Puisque ma voix suffit à peine,
Seigneur, à vous prier pour moi!

Non, si pour la terre méchante
Quelqu'un peut prier aujourd'hui,
C'est toi, dont la parole chante,
C'est toi ! ta prière innocente,
Enfant, peut se charger d'autrui !

Ah ! demande à ce père auguste
Qui sourit à ton oraison
Pourquoi l'arbre étouffe l'arbuste,
Et qui fait du juste à l'injuste
Chanceler l'humaine raison ?

Demande-lui si la sagesse
N'appartient qu'à l'éternité ?
Pourquoi son souffle nous abaisse ?
Pourquoi dans la tombe sans cesse
Il effeuille l'humanité ?

Pour ceux que les vices consument,
Les enfants veillent au saint lieu ;
Ce sont des fleurs qui le parfument,
Ce sont des encensoirs qui fument,
Ce sont des voix qui vont à Dieu !

Laissons faire ces voix sublimes.
Laissons les enfants à genoux.
Pécheurs, nous avons tous nos crimes,
Nous penchons tous sur les abîmes,
L'enfance doit prier pour tous !

VI

Comme une aumône, enfant, donne donc ta prière
A ton père, à ta mère, aux pères de ton père ;

Donne au riche à qui Dieu refuse le bonheur,
Donne au pauvre, à la veuve, au crime, au vice immonde.
Fais en priant le tour des misères du monde;
Donne à tous! donne aux morts!—Enfin donne au Seigneur!

« — Quoi! murmure ta voix qui veut parler et n'ose,
« Au Seigneur, au Très-Haut, manque-t-il quelque chose?
« Il est le saint des saints, il est le roi des rois!
« Il se fait des soleils un cortége suprême!
« Il fait baisser la voix à l'océan lui-même!
« Il est seul! il est tout! à jamais! à la fois! » —

Enfant, quand tout le jour vous avez en famille,
Tes deux frères et toi, joué sous la charmille,
Le soir vous êtes las, vos membres sont pliés,
Il vous faut un lait pur et quelques noix frugales,
Et, baisant tour à tour vos têtes inégales,
Votre mère à genoux lave vos faibles pieds.

Eh bien! il est quelqu'un dans ce monde où nous sommes
Qui tout le jour aussi marche parmi les hommes,
Servant et consolant, à toute heure, en tout lieu!
Un bon pasteur qui suit sa brebis égarée,
Un pèlerin qui va de contrée en contrée.
Ce passant, ce pasteur, ce pèlerin, c'est Dieu!

Le soir il est bien las! il faut, pour qu'il sourie,
Une âme qui le serve, un enfant qui le prie,
Un peu d'amour! O toi qui ne sais pas tromper,
Porte-lui ton cœur plein d'innocence et d'extase,
Tremblante et l'œil baissé, comme un précieux vase
Dont on craint de laisser une goutte échapper!

Porte-lui ta prière! et quand, à quelque flamme
Qui d'une chaleur douce emplira ta jeune âme,

Tu verras qu'il est proche, alors, ô mon bonheur !
O mon enfant ! sans craindre affront ni raillerie,
Verse, comme autrefois Marthe, sœur de Marie,
Verse tout ton parfum sur les pieds du Seigneur !

VII

O myrrhe ! ô cinname !
Nard cher aux époux !
Baume ! éther ! dictame !
De l'eau, de la flamme,
Parfums les plus doux !

Prés que l'onde arrose !
Vapeurs de l'autel !
Lèvres de la rose
Où l'abeille pose
Sa bouche de miel !

Jasmin ! asphodèle !
Encensoirs flottants !
Branche verte et frêle
Où fait l'hirondelle
Son nid au printemps !

Lis que fait éclore
Le frais arrosoir !
Ambre que Dieu dore !
Souffle de l'aurore,
Haleine du soir !

Parfum de la sève
Dans les bois mouvants !
Odeur de la grève

Qui la nuit s'élève
Sur l'aile des vents!

Fleurs dont la chapelle
Se fait un trésor!
Flamme solennelle,
Fumée éternelle
Des sept lampes d'or!

Tiges qu'a brisées
Le tranchant du fer!
Urnes embrasées!
Esprit des rosées
Qui flottez dans l'air!

Fêtes réjouies
D'encens et de bruits!
Senteurs inouïes!
Fleurs épanouies
Au souffle des nuits!

Odeurs immortelles
Que les Ariel,
Archanges fidèles,
Prennent sur leurs ailes
En venant du ciel!

O couche première
Du premier époux!
De la terre entière,
Des chants de lumière
Parfums les plus doux!

Dans l'auguste sphère,
Parfums, qu'êtes-vous,

Près de la prière
Qui dans la poussière
S'épanche à genoux?

Près du cri d'une âme
Qui fond en sanglots,
Implore et réclame,
Et s'exhale en flamme,
Et se verse à flots!

Près de l'humble offrande
D'un enfant de lin
Dont l'extase est grande,
Et qui recommande
Son père orphelin!

Bouche qui soupire,
Mais sans murmurer!
Ineffable lyre!
Voix qui fait sourire
Et qui fait pleurer!

VIII

Quand elle prie, un ange est debout auprès d'elle,
Caressant ses cheveux des plumes de son aile,
Essuyant d'un baiser son œil de pleurs terni,
Venu pour l'écouter sans que l'enfant l'appelle.
Esprit qui tient le livre où l'innocente épèle,
Et qui pour remonter attend qu'elle ait fini.

Son beau front incliné semble un vase qu'il penche
Pour recevoir les flots de ce cœur qui s'épanche;
Il prend tout, pleurs d'amour et soupirs de douleur;

Sans changer de nature, il s'emplit de cette âme;
Comme le pur cristal que notre soif réclame
S'emplit d'eau jusqu'aux bords sans changer de couleur.

Ah! c'est pour le Seigneur sans doute qu'il recueille
Ces larmes goutte à goutte et ce lis feuille à feuille!
Et puis il reviendra se ranger au saint lieu,
Tenant prêts ces soupirs, ces parfums, cette haleine,
Pour étancher le soir, comme une coupe pleine,
Ce grand besoin d'amour, la seule soif de Dieu!

Enfant! dans ce concert qui d'en bas le salue,
La voix par Dieu lui-même entre toutes élue,
C'est la tienne, ô ma fille! elle a tant de douceur,
Sur des ailes de flamme elle monte si pure,
Elle expire si bien en amoureux murmure,
Que les vierges du ciel disent : C'est une sœur!

IX

Oh! bien loin de la voie
Où marche le pécheur,
Chemine où Dieu t'envoie!
Enfant! garde ta joie!
Lis! garde ta blancheur!

Sois humble! que t'importe
Le riche et le puissant!
Un souffle les emporte.
La force la plus forte,
C'est un cœur innocent!

Bien souvent Dieu repousse
Du pied les hautes tours;

Mais dans le nid de mousse
Où chante une voix douce
Il regarde toujours!

Reste à la solitude!
Reste à la pauvreté!
Vis sans inquiétude!
Et ne te fais étude
Que de l'éternité!

Il est, loin de nos villes
Et loin de nos douleurs,
Des lacs purs et tranquilles
Et dont toutes les îles
Sont des bouquets de fleurs!

Flots d'azur où l'on aime
A laver ses remords!
D'un charme si suprême
Que l'incrédule même
S'agenouille à leurs bords!

L'ombre qui les inonde
Calme et nous rend meilleurs;
Leur paix est si profonde,
Que jamais à leur onde
On n'a mêlé de pleurs!

Et le jour, que leur plaine
Refléte éblouissant,
Trouve l'eau si sereine,
Qu'il y hasarde à peine
Un nuage en passant!

Ces lacs que rien n'altère,
Entre des monts géants
Dieu les met sur la terre,
Loin du souffle adultère
Des sombres océans,

Pour que nul vent aride,
Nul flot mêlé de fiel,
N'empoisonne et ne ride
Ces gouttes d'eau limpide
Où se mire le ciel !

O ma fille, âme heureuse !
O lac de pureté !
Dans la vallée ombreuse,
Reste où ton Dieu te creuse
Un lit plus abrité !

Lac que le ciel parfume !
Le monde est une mer ;
Son souffle est plein de brume,
Un peu de son écume
Rendrait ton flot amer !

x

Et toi, céleste ami qui gardes son enfance,
Qui le jour et la nuit lui fais une défense
    De tes ailes d'azur !
Invisible trépied où s'allume sa flamme !
Esprit de sa prière, ange de sa jeune âme,
    Cygne de ce lac pur !

Dieu te l'a confiée et je te la confie !
Soutiens, relève, exhorte, inspire et fortifie

Sa frêle humanité !
Qu'elle garde à jamais, réjouie ou souffrante,
Cet œil plein de rayons, cette âme transparente,
Cette sérénité

Qui fait que tout le jour, et sans qu'elle te voie,
Ecartant de son cœur faux désirs, fausse joie,
Mensonge et passion,
Prosternant à ses pieds ta couronne immortelle,
Comme elle devant Dieu, tu te tiens devant elle
En adoration !

Juin 1830

XXXVIII

Ὅλος νόος, ὅλος φῶς, ὅλος ὀφθαλμος
CLEM. ALEX.

PAN

Si l'on vous dit que l'art et que la poésie
C'est un flux éternel de banale ambroisie,
Que c'est le bruit, la foule, attachés à vos pas,
Ou d'un salon doré l'oisive fantaisie,
Ou la rime en fuyant par la rime saisie,
    Oh ! ne le croyez pas !

O poëtes sacrés, échevelés, sublimes,
Allez, et répandez vos âmes sur les cimes,
Sur les sommets de neige en butte aux aquilons,
Sur les déserts pieux où l'esprit se recueille,
Sur les bois que l'automne emporte feuille à feuille,
Sur les lacs endormis dans l'ombre des vallons !

Partout où la nature est gracieuse et belle,
Où l'herbe s'épaissit pour le troupeau qui bêle,
Où le chevreau lascif mord le cytise en fleurs,
Où chante un pâtre assis sous une antique arcade,
Où la brise du soir fouette avec la cascade
    Le rocher tout en pleurs ;

Partout où va la plume et le flocon de laine ;
Que ce soit une mer, que ce soit une plaine,
Une vieille forêt aux branchages mouvants,
Iles au sol désert, lacs à l'eau solitaire,
Montagnes, océans, neige ou sable, onde ou terre,
Flots ou sillons ; partout où vont les quatre vents ;

Partout où le couchant grandit l'ombre des chênes,
Partout où les coteaux croisent leurs molles chaînes,
Partout où sont des champs, des moissons, des cités,
Partout où pend un fruit à la branche épuisée,
Partout où l'oiseau boit des gouttes de rosée,
   Allez, voyez, chantez !

Allez dans les forêts, allez dans les vallées.
Faites-vous un concert des notes isolées !
Cherchez dans la nature, étalée à vos yeux,
Soit que l'hiver l'attriste ou que l'été l'égaye,
Le mot mystérieux que chaque voix bégaye.
Ecoutez ce que dit la foudre dans les cieux !

C'est Dieu qui remplit tout. Le monde, c'est son temple.
OEuvre vivante, où tout l'écoute et le contemple !
Tout lui parle et le chante. Il est seul, il est un.
Dans sa création tout est joie et sourire ;
L'étoile qui regarde et la fleur qui respire,
   Tout est flamme ou parfum !

Enivrez-vous de tout ! enivrez-vous, poëtes,
Des gazons, des ruisseaux, des feuilles inquiètes,
Du voyageur de nuit dont on entend la voix,
De ces premières fleurs dont février s'étonne,
Des eaux, de l'air, des prés, et du bruit monotone
Que font les chariots qui passent dans les bois !

Frères de l'aigle! aimez la montagne sauvage :
Surtout à ces moments où vient un vent d'orage,
Un vent sonore et lourd qui grossit par degrés,
Emplit l'espace au loin de nuages et d'ombres,
Et penche sur le bord des précipices sombres
  Les arbres effarés!

Contemplez du matin la pureté divine,
Quand la brume en flocons inonde la ravine,
Quand le soleil, que cache à demi la forêt,
Montrant sur l'horizon sa rondeur échancrée,
Grandit comme ferait la coupole dorée
D'un palais d'Orient dont on approcherait!

Enivrez-vous du soir! A cette heure où, dans l'ombre,
Le paysage obscur, plein de formes sans nombre,
S'efface, de chemins et de fleuves rayé;
Quand le mont, dont la tête à l'horizon s'élève,
Semble un géant couché qui regarde et qui rêve,
  Sur son coude appuyé!

Si vous avez en vous, vivantes et pressées,
Un monde intérieur d'images, de pensées,
De sentiments, d'amour, d'ardente passion,
Pour féconder ce monde, échangez-le sans cesse
Avec l'autre univers visible qui vous presse!
Mêlez toute votre âme à la création!

Car, ô poëtes saints! l'art est le son sublime,
Simple, divers, profond, mystérieux, intime,
Fugitif comme l'eau qu'un rien fait dévier,
Redit par un écho dans toute créature,
Que sous vos doigts puissants exhale la nature,
  Cet immense clavier!

  Novembre 1831.

XXXIX

> Amor de mi pecho,
> Pecho de mi amor!
> Arbol, que has hecho
> Que has hecho del flor?
>
> ROMANCE.

Avant que mes chansons aimées,
Si jeunes et si parfumées,
Du monde eussent subi l'affront,
Loin du peuple ingrat qui les foule,
Comme elles fleurissaient en foule,
Vertes et fraîches sur mon front !

De l'arbre à présent détachées,
Fleurs par l'aquilon desséchées,
Vains débris qu'on traîne en rêvant,
Elles errent éparpillées,
De fange ou de poudre souillées,
Au gré du flot, au gré du vent.

Moi, comme des feuilles flétries,
Je les vois, toutes défleuries,
Courir sur le sol dépouillé ;
Et la foule qui m'environne,
En broyant du pied ma couronne,
Passe et rit de l'arbre effeuillé !

Septembre 1828.

XL

Toi, vertu, pleure si je meurs!
ANDRÉ CHÉNIER.

Amis, un dernier mot! — et je ferme à jamais
Ce livre, à ma pensée étranger désormais.
Je n'écouterai pas ce qu'en dira la foule.
Car qu'importe à la source où son onde s'écoule?
Et que m'importe à moi sur l'avenir penché,
Où va ce vent d'automne au souffle desséché
Qui passe en emportant sur son aile inquiète
Et les feuilles de l'arbre et les vers du poëte?

Oui, je suis jeune encore, et quoique sur mon front,
Où tant de passions et d'œuvres germeront,
Une ride de plus chaque jour soit tracée,
Comme un sillon qu'y fait le soc de ma pensée,
Dans le cours incertain du temps qui m'est donné,
L'été n'a pas encor trente fois rayonné.
Je suis fils de ce siècle! une erreur, chaque année,
S'en va de mon esprit, d'elle-même étonnée,

Et, détrompé de tout, mon culte n'est resté
Qu'à vous, sainte patrie et sainte liberté!

Je hais l'oppression d'une haine profonde.
Aussi, lorsque j'entends, dans quelque coin du monde,
Sous un ciel inclément, sous un roi meurtrier,
Un peuple qu'on égorge appeler et crier;
Quand, par les rois chrétiens aux bourreaux turcs livrée,
La Grèce, notre mère, agonise éventrée;
Quand l'Irlande saignante expire sur sa croix;
Quand Teutonie aux fers se débat sous dix rois;
Quand Lisbonne, jadis belle et toujours en fête,
Pend au gibet, les pieds de Miguel sur sa tête;
Lorsqu'Albani gouverne au pays de Caton;
Que Naples mange et dort; lorsqu'avec son bâton,
Sceptre honteux et lourd que la peur divinise,
L'Autriche casse l'aile au lion de Venise;
Quand Modène étranglé râle sous l'archiduc;
Quand Dresde lutte et pleure au lit d'un roi caduc;
Quand Madrid se rendort d'un sommeil léthargique;
Quand Vienne tient Milan; quand le lion belgique,
Courbé comme le bœuf qui creuse un vil sillon,
N'a plus même de dents pour mordre son bâillon;
Quand un Cosaque affreux, que la rage transporte,
Viole Varsovie échevelée et morte;
Et souillant son linceul, chaste et sacré lambeau,
Se vautre sur la vierge étendue au tombeau;
Alors, oh! je maudis, dans leur cour, dans leur antre,
Ces rois dont les chevaux ont du sang jusqu'au ventre!
Je sens que le poëte est leur juge! Je sens
Que la muse indignée, avec ses poings puissants,
Peut, comme au pilori, les lier sur leur trône,
Et leur faire un carcan de leur lâche couronne,
Et renvoyer ces rois qu'on aurait pu bénir,

Marqués au front d'un vers que lira l'avenir !
Oh ! la muse se doit aux peuples sans défense.
J'oublie alors l'amour, la famille, l'enfance,
Et les molles chansons, et le loisir serein,
Et j'ajoute à ma lyre une corde d'airain !

Novembre 1831.

FIN DES FEUILLES D'AUTOMNE.

LES
CHANTS DU CRÉPUSCULE

Les quelques vers placés en tête de ce recueil indiquent la pensée qu'il contient. Le *prélude* explique les *chants*.

Tout, aujourd'hui, dans les idées comme dans les choses, dans la société comme dans l'individu, est à l'état de crépuscule. De quelle nature est ce crépuscule? De quoi sera-t-il suivi? Question immense, la plus haute de toutes celles qui s'agitent confusément dans ce siècle où un point d'interrogation se dresse à la fin de tout. La société attend que ce qui est à l'horizon s'allume tout à fait ou s'éteigne complétement. Il n'y a rien de plus à dire.

Quant à ce recueil en lui-même, l'auteur n'en dira rien non plus. A quoi bon faire remarquer le fil, à peine visible peut-être, qui lie ce livre aux livres précédents? C'est toujours la même pensée avec d'autres soucis, la même onde avec d'autres vents, le même front avec d'autres rides, la même vie avec un autre âge.

Il insistera peu sur cela. Il ne laisse même subsister dans ses ouvrages ce qui est personnel que parce que c'est peut-être quelquefois un reflet de ce qui est général. Il ne croit pas que son *individualité*, comme on dit aujourd'hui en assez mauvais style, vaille la peine d'être autrement étudiée. Aussi, quelque idée qu'on veuille bien s'en faire, n'est-elle que très-peu clairement entrevue dans ses livres. L'auteur est fort loin de croire que toutes les parties de celui-ci en particulier puissent jamais être considérées comme matériaux positifs pour l'histoire d'un cœur humain quelconque. Il y a dans ce recueil beaucoup de choses rêvées.

Ce qui est peut-être exprimé parfois dans ce recueil, ce qui a été la principale préoccupation de l'auteur en jetant çà et là les vers qu'on va lire, c'est cet étrange état crépusculaire de l'âme et de la société dans le siècle où nous vivons; c'est cette brume au dehors, cette incertitude au dedans; c'est ce je ne sais quoi d'à demi éclairé qui nous environne.

De là, dans ce livre, ces cris d'espoir mêlés d'hésitation, ces chants d'amour coupés de plaintes, cette sérénité pénétrée de tristesse, ces abattements qui se réjouissent tout à coup, ces défaillances relevées soudain, cette tranquillité qui souffre, ces troubles intérieurs qui remuent à peine la surface du vers au dehors, ces tumultes politiques contemplés avec calme, ces retours religieux de la place publique à la famille, cette crainte que tout n'aille s'obscurcissant, et par moments cette foi joyeuse et bruyante à l'épanouissement possible de l'humanité.

Dans ce livre, bien petit cependant en présence d'objets si grands, il y a tous les contraires, le doute et le dogme, le jour et la nuit, le point sombre et le point lumineux, comme dans tout ce que nous voyons, comme dans tout ce que nous pensons en ce siècle; comme dans nos théories politiques, comme dans nos opinions religieuses, comme dans notre existence domestique; comme dans l'histoire qu'on nous fait, comme dans la vie que nous nous faisons.

Le dernier mot que doit ajouter ici l'auteur, c'est que dans cette époque livrée à l'attente et à la transition, dans cette époque où la discussion est si acharnée, si tranchée, si absolument arrivée à l'extrême, qu'il n'y a guère aujourd'hui d'écoutés, de compris et d'applaudis que deux mots, le *oui* et le *non*, il n'est pourtant, lui, ni de ceux qui nient ni de ceux qui affirment.

Il est de ceux qui espèrent.

25 octobre 1835.

PRÉLUDE

De quel nom te nommer, heure trouble ou nous sommes?
Tous les fronts sont baignés de livides sueurs.
Dans les hauteurs du ciel et dans le cœur des hommes
Les ténèbres partout se mêlent aux lueurs.

Croyances, passions, désespoir, espérances,
Rien n'est dans le grand jour et rien n'est dans la nuit,
Et le monde, sur qui flottent les apparences,
Est à demi couvert d'une ombre où tout reluit.

Le bruit que fait cette ombre assourdit la pensée :
Tout s'y mêle, depuis le chant de l'oiseleur
Jusqu'au frémissement de la feuille froissée
Qui cache un nid peut-être ou qui couve une fleur.

Tout s'y mêle! les pas égarés hors des voies
Qui cherchent leur chemin dans les champs spacieux,
Les roseaux verts froissant leurs luisantes courroies;
Les angelus lointains dispersés dans les cieux;

Le lierre tressaillant dans les fentes des voûtes;
Le vent, funeste au loin au nocher qui périt;
Les chars embarrassés dans les tournants des routes,
S'accrochant par l'essieu comme nous par l'esprit;

La mendiante en pleurs qui marche, exténuée;
Celui qui dit Satan ou qui dit Jéhovah;
La clameur des passants bientôt diminuée,
La voix du cœur qui sent, le bruit du pied qui va;

Les ondes que toi seul, ô Dieu! comptes et nommes;
L'air qui fuit; le caillou par le ruisseau lavé;
Et tout ce que, chargé des vains projets des hommes,
Le soc dit au sillon et la roue au pavé;

Et la barque, où dans l'ombre on entend une lyre,
Qui passe, et loin du bord s'abandonne au courant,
Et l'orgue des forêts qui sur les monts soupire,
Et cette voix qui sort des villes en pleurant!

Et l'homme qui gémit à côté de la chose;
Car dans ce siècle, en proie aux sourires moqueurs,
Toute conviction en peu d'instants dépose
Le doute, lie affreuse, au fond de tous les cœurs!

Et de ces bruits divers, redoutable ou propice,
Sort l'étrange chanson que chante sans flambeau
Cette époque en travail, fossoyeur ou nourrice,
Qui prépare une crèche ou qui creuse un tombeau!

—L'orient! l'orient! qu'y voyez-vous, poëtes?
Tournez vers l'orient vos esprits et vos yeux! —
« Hélas! ont répondu leurs voix longtemps muettes,
Nous voyons bien là-bas un jour mystérieux!

Un jour mystérieux dans le ciel taciturne,
Qui blanchit l'horizon derrière les coteaux,
Pareil au feu lointain d'une forge nocturne
Qu'on voit sans en entendre encore les marteaux!

Mais nous ne savons pas si cette aube lointaine
Vous annonce le jour, le vrai soleil ardent ;
Car, survenus dans l'ombre à cette heure incertaine
Ce qu'on croit l'orient peut-être est l'occident !

C'est peut-être le soir qu'on prend pour une aurore !
Peut-être ce soleil vers qui l'homme est penché,
Ce soleil qu'on appelle à l'horizon qu'il dore,
Ce soleil qu'on espère est un soleil couché ! » —

Seigneur ! est-ce vraiment l'aube qu'on voit éclore ?
Oh ! l'anxiété croît de moment en moment.
N'y voit-on déjà plus ? n'y voit-on pas encore ?
Est-ce la fin, Seigneur, ou le commencement ?

Dans l'âme et sur la terre effrayant crépuscule !
Les yeux pour qui fut fait, dans un autre univers,
Ce soleil inconnu qui vient ou qui recule,
Sont-ils déjà fermés ou pas encore ouverts ?

Ce tumulte confus, où nos esprits s'arrêtent,
Peut-être c'est le bruit, fourmillant en tout lieu,
Des ailes qui partout pour le départ s'apprêtent.
Peut-être en ce moment la terre dit : Adieu !

Ce tumulte confus qui frappe notre oreille,
Parfois pur comme un souffle et charmant comme un luth,
Peut-être c'est le bruit d'un Eden qui s'éveille.
Peut-être en ce moment la terre dit : Salut !

Là-bas l'arbre frissonne, est-ce allégresse ou plainte ?
Là-bas chante un oiseau, pleure-t-il ? a-t-il ri ?
Là-bas l'Océan parle, est-ce joie ? est-ce crainte ?
Là-bas l'homme murmure, est-ce un chant ? est-ce un cri ?

A si peu de clarté nulle âme n'est sereine.
Triste, assis sur le banc qui s'appuie à son mur,
Le vieux prêtre se courbe, et, n'y voyant qu'à peine
A ce jour ténébreux épèle un livre obscur.

O prêtre ! vainement tu rêves, tu travailles.
L'homme ne comprend plus ce que Dieu révéla ;
Partout des sens douteux hérissent leurs broussailles,
La menace est ici, mais la promesse est là !

Et qu'importe ! bien loin de ce qui doit nous suivre,
Le destin nous emporte, éveillés ou dormant.
Que ce soit pour mourir ou que ce soit pour vivre,
Notre siècle va voir un accomplissement !

Cet horizon, qu'emplit un bruit vague et sonore,
Doit-il pâlir bientôt? doit-il bientôt rougir?
Esprit de l'homme, attends quelques instants encore
Ou l'Ombre va descendre, ou l'Astre va surgir !

Vers l'orient douteux tourné comme les autres,
Recueillant tous les bruits formidables et doux,
Les murmures d'en haut qui répondent aux nôtres,
Le soupir de chacun et la rumeur de tous,

Le poëte, en ses chants où l'amertume abonde,
Reflétait, écho triste et calme cependant,
Tout ce que l'âme rêve et tout ce que le monde
Chante, bégaye ou dit dans l'ombre en attendant

> 20 octobre 1835.

LES CHANTS
DU CRÉPUSCULE

I

DICTÉ APRÈS JUILLET 1830

1

Frères ! et vous aussi vous avez vos journées !
Vos victoires, de chêne et de fleurs couronnées,
Vos civiques lauriers, vos morts ensevelis,
Vos triomphes, si beaux à l'aube de la vie,
Vos jeunes étendards, troués à faire envie
    A de vieux drapeaux d'Austerlitz !

Soyez fiers ; vous avez fait autant que vos pères.
Les droits d'un peuple entier conquis par tant de guerres,
Vous les avez tirés tout vivants du linceul.
Juillet vous a donné, pour sauver vos familles,
Trois de ces beaux soleils qui brûlent les bastilles ;
    Vos pères n'en ont eu qu'un seul !

Vous êtes bien leurs fils ! c'est leur sang, c'est leur âme
Qui fait vos bras d'airain et vos regards de flamme.
Ils ont tout commencé : vous avez votre tour.
Votre mère, c'est bien cette France féconde
Qui fait, quand il lui plaît, pour l'exemple du monde,
    Tenir un siècle dans un jour.

L'Angleterre jalouse et la Grèce homérique,
Toute l'Europe admire, et la jeune Amérique
Se lève et bat des mains du bord des océans.
Trois jours vous ont suffi pour briser vos entraves.
Vous êtes les aînés d'une race de braves, .
    Vous êtes les fils des géants!

C'est pour vous qu'ils traçaient avec des funérailles
Ce cercle triomphal de plaines de batailles,
Chemin victorieux, prodigieux travail,
Qui, de France parti pour enserrer la terre,
En passant par Moscou, Cadix, Rome et le Caire,
    Va de Jemmape à Montmirail !

Vous êtes les enfants des belliqueux lycées !
Là vous applaudissiez nos victoires passées ;
Tous vos jeux s'ombrageaient des plis d'un étendard.
Souvent Napoléon, plein de grandes pensées,
Passant, les bras croisés, dans vos lignes pressées,
    Aimanta vos fronts d'un regard !

Aigle qu'ils devaient suivre ! aigle de notre armée
Dont la plume sanglante en cent lieux est semée,
Dont le tonnerre un soir s'éteignit dans les flots,
Toi, qui les as couvés dans l'aire paternelle,
Regarde, et sois joyeuse, et crie, et bats de l'aile,
    Mère, tes aiglons sont éclos !

II

Quand notre ville épouvantée,
Surprise un matin et sans voix,
S'éveilla toute garrottée
Sous un réseau d'iniques lois,
Chacun de vous dit en son âme :
« C'est une trahison infâme !
« Les peuples ont leur lendemain.
« Pour rendre leur route douteuse
« Suffit-il qu'une main honteuse
« Change l'écriteau du chemin ?

« La parole éclate et foudroie
« Tous les obstacles imprudents ;
« Vérité, tu sais comme on broie
« Tous les bâillons entre ses dents ;
« Un roi peut te fermer son Louvre ;
« Ta flamme importune, on la couvre,
« On la fait éteindre aux valets ;
« Mais elle brûle qui la touche !
« Mais on ne ferme pas ta bouche
« Comme la porte d'un palais !

« Quoi ! ce que le temps nous amène,
« Quoi ! ce que nos pères ont fait,
« Ce travail de la race humaine,
« Ils nous prendraient tout en effet !
« Quoi ! les lois, les chartes, chimère !
« Comme un édifice éphémère
« Nous verrions, en un jour d'été,
« Crouler sous leurs mains acharnées

« Ton œuvre de quarante années,
« Laborieuse Liberté !

« C'est donc pour eux que les épées
« Ont relui du nord au midi !
« Pour eux que les têtes coupées
« Sur les pavés ont rebondi !
« C'est pour ces tyrans satellites
« Que nos pères, braves élites,
« Ont dépassé Grecs et Romains !
« Que tant de villes sont désertes !
« Que tant de plaines, jadis vertes,
« Sont blanches d'ossements humains !

« Les insensés qui font ce rêve
« N'ont-ils donc pas des yeux pour voir,
« Depuis que leur pouvoir s'élève,
« Comme notre horizon est noir :
« N'ont-ils pas vu dans leur folie
« Que déjà la coupe est remplie,
« Qu'on les suit des yeux en rêvant,
« Qu'un foudre lointain nous éclaire,
« Et que le lion populaire
« Regarde ses ongles souvent ? »

III

Alors tout se leva. — L'homme, l'enfant, la femme,
Quiconque avait un bras, quiconque avait une âme,
Tout vint, tout accourut. Et la ville à grand bruit
Sur les lourds bataillons se rua jour et nuit.
En vain boulets, obus, la balle et les mitrailles,
De la vieille cité déchiraient les entrailles ;
Pavés et pans de murs, croulant sous mille efforts,

Aux portes des maisons amoncelaient les morts;
Les bouches des canons trouaient au loin la foule;
Elle se refermait, comme une mer qui roule,
Et de son râle affreux ameutant les faubourgs,
Le tocsin haletant bondissait dans les tours!

IV

    Trois jours, trois nuits dans la fournaise
    Tout ce peuple en feu bouillonna,
    Crevant l'écharpe béarnaise
    Du fer de lance d'Iéna.
    En vain dix légions nouvelles
    Vinrent s'abattre à grand bruit d'ailes
    Dans le formidable foyer;
    Chevaux, fantassins et cohortes
    Fondaient comme des branches mortes
    Qui se tordent dans le brasier.

Comment donc as-tu fait pour calmer ta colère,
Souveraine cité qui vainquis en trois jours?
Comment donc as-tu fait, ô fleuve populaire,
Pour rentrer dans ton lit et reprendre ton cours?
O terre qui tremblais, ô tempête, ô tourmente,
Vengeance de la foule au sourire effrayant,
Comment donc as-tu fait pour être intelligente
    Et pour choisir en foudroyant?

    C'est qu'il est plus d'un cœur stoïque
    Parmi vous, fils de la cité;
    C'est qu'une jeunesse héroïque
    Combattait à votre côté.
    Désormais, dans toute fortune,
    Vous avez une âme commune

Qui dans tous vos exploits a lui.
Honneur au grand jour qui s'écoule!
Hier vous n'étiez qu'une foule,
Vous êtes un peuple aujourd'hui.

Ces mornes conseillers de parjure et d'audace,
Voilà donc à quel peuple ils se sont attaqués!
Fléaux qu'aux derniers rois d'une fatale race
Toujours la Providence envoie aux jours marqués!
Malheureux qui croyaient, dans leur erreur profonde
(Car Dieu les voulait perdre, et Dieu les aveuglait!),
Qu'on prenait un matin la liberté d'un monde
　　Comme un oiseau dans un filet!

　　N'effacez rien. — Le coup d'épée
　　Embellit le front du soldat.
　　Laissons à la ville frappée
　　Les cicatrices du combat.
　　Adoptons héros et victimes.
　　Emplissons de ces morts sublimes
　　Les sépulcres du Panthéon.
　　Que nul souvenir ne nous pèse :
　　Rendons sa tombe à Louis Seize,
　　Sa colonne à Napoléon!

V

Oh! laissez-moi pleurer sur cette race morte
Que rapporta l'exil et que l'exil remporte,
Vent fatal qui trois fois déjà les enleva!
Reconduisons au moins ces vieux rois de nos pères.
Rends, drapeau de Fleurus, les honneurs militaires
　　A l'oriflamme qui s'en va!

Je ne leur dirai point de mot qui les déchire.
Qu'ils ne se plaignent pas des adieux de la lyre !
Pas d'outrage au vieillard qui s'exile à pas lents !
C'est une piété d'épargner les ruines.
Je n'enfoncerai pas la couronne d'épines
Que la main du malheur met sur des cheveux blancs

D'ailleurs, infortunés ! ma voix achève à peine
L'hymne de leurs douleurs dont s'allonge la chaîne.
L'exil et les tombeaux dans mes chants sont bénis ;
Et tandis que d'un règne on saluera l'aurore,
Ma poésie en deuil ira longtemps encore
    De Sainte-Hélène à Saint-Denis !

Mais que la leçon reste, éternelle et fatale,
A ces nains, étrangers sur la terre natale,
Qui font régner les rois pour leurs ambitions ;
Et, pétrifiant tout sous leur groupe immobile,
Tourmentent accroupis, de leur souffle débile,
La cendre rouge encor des révolutions !

VI

Oh ! l'avenir est magnifique !
Jeunes Français, jeunes amis,
Un siècle pur et pacifique
S'ouvre à vos pas mieux affermis.
Chaque jour aura sa conquête.
Depuis la base jusqu'au faîte,
Nous verrons avec majesté,
Comme une mer sur ses rivages,
Monter d'étages en étages
L'irrésistible liberté !

Vos pères, hauts de cent coudées,
Ont été forts et généreux.
Les nations intimidées
Se faisaient adopter par eux.
Ils ont fait une telle guerre,
Que tous les peuples de la terre
De la France prenaient le nom,
Quittaient leur passé qui s'écroule,
Et venaient s'abriter en foule
A l'ombre de Napoléon !

Vous n'avez pas l'âme embrasée
D'une moins haute ambition
Faites libre toute pensée
Et reine toute nation ;
Montrez la liberté dans l'ombre
A ceux qui sont dans la nuit sombre;
Allez, éclairez le chemin,
Guidez notre marche unanime,
Et faites, vers le but sublime,
Doubler le pas au genre humain !

Que l'esprit, dans sa fantaisie,
Suive d'un vol plus détaché
Ou les arts, ou la poésie,
Ou la science au front penché !
Qu'ouvert à quiconque l'implore
Le trône ait un écho sonore
Qui, pour rendre le roi meilleur,
Grossisse et répète sans cesse
Tous les conseils de la sagesse,
Toutes les plaintes du malheur !

Revenez prier sur les tombes,
Prêtres ! Que craignez-vous encor ?

Qu'allez-vous faire aux catacombes
Tout reluisants de pourpre et d'or?
Venez! mais plus de mitre ardente,
Plus de vaine pompe imprudente,
Plus de trône dans le saint lieu!
Rien que l'aumône et la prière!
La croix de bois, l'autel de pierre,
Suffit aux hommes comme à Dieu!

VII

Et désormais, chargés du seul fardeau des âmes,
Pauvres comme le peuple, humbles comme les femmes,
Ne redoutez plus rien. Votre église est le port!
Quand longtemps a grondé la bouche du Vésuve,
Quand sa lave, écumant comme un vin dans la cuve,
  Apparaît toute rouge au bord,

Naples s'émeut; pleurante, effarée et lascive,
Elle accourt, elle étreint la terre convulsive;
Elle demande grâce au volcan courroucé;
Point de grâce! un long jet de cendre et de fumée
Grandit incessamment sur la cime enflammée
Comme un cou de vautour hors de l'aire dressé.

Soudain un éclair luit! hors du cratère immense
La sombre éruption bondit comme en démence.
Adieu le fronton grec et le temple toscan!
La flamme des vaisseaux empourpre la voilure,
La lave se répand comme une chevelure
  Sur les épaules du volcan.

Elle vient, elle vient, cette lave profonde
Qui féconde les champs et fait des ports dans l'onde!

Plages, mer, archipels, tout tressaille à la fois.
Ses flots roulent, vermeils, fumants, inexorables,
Et Naple et ses palais tremblent plus misérables
Qu'au souffle de l'orage une feuille des bois !

Chaos prodigieux ! la cendre emplit les rues,
La terre revomit des maisons disparues,
Chaque toit éperdu se heurte au toit voisin,
La mer bout dans le golfe et la plaine s'embrase,
Et les clochers géants, chancelant sur leur base
      Sonnent d'eux-mêmes le tocsin !

Mais — c'est Dieu qui le veut — tout en brisant des villes,
En comblant les vallons, en effaçant les îles,
En charriant les tours sur son flot en courroux,
Tout en bouleversant les ondes et la terre,
Toujours Vésuve épargne en son propre cratère
L'humble ermitage où prie un vieux prêtre à genoux !

    10 août 1830.

II

A LA COLONNE*

I

Oh! quand il bâtissait, de sa main colossale,
Pour son trône, appuyé sur l'Europe vassale,
    Ce pilier souverain,
Ce bronze, devant qui tout n'est que poudre et sable,
Sublime monument, deux fois impérissable,
    Fait de gloire et d'airain ;

Quand il le bâtissait, pour qu'un jour dans la ville
Ou la guerre étrangère ou la guerre civile
    Y brisassent leur char,
Et pour qu'il fît pâlir sur nos places publiques
Les frêles héritiers de vos noms magnifiques,
    Alexandre et César !

---

* Plusieurs pétitionnaires demandent que la Chambre intervienne pour faire transporter les cendres de Napoléon sous la colonne de la place Vendôme.
  Après une courte délibération, la Chambre passe à l'ordre du jour.
        (CHAMBRE DES DÉPUTÉS, *séance du 7 octobre* 1830)

C'était un beau spectacle ! — Il parcourait la terre
Avec ses vétérans, nation militaire
    Dont il savait les noms ;
Les rois fuyaient ; les rois n'étaient point de sa taille ;
Et, vainqueur, il allait par les champs de bataille
    Glanant tous leurs canons.

Et puis, il revenait avec la grande armée,
Encombrant de butin sa France bien-aimée,
    Son Louvre de granit,
Et les Parisiens poussaient des cris de joie,
Comme font les aiglons, alors qu'avec sa proie
    L'aigle rentre à son nid !

Et lui, poussant du pied tout ce métal sonore,
Il courait à la cuve où bouillonnait encore
    Le monument promis.
Le moule en était fait d'une de ses pensées.
Dans la fournaise ardente il jetait à brassées
    Les canons ennemis !

Puis il s'en revenait gagner quelque bataille.
Il dépouillait encore à travers la mitraille
    Maints affûts dispersés ;
Et, rapportant ce bronze à la Rome française,
Il disait aux fondeurs penchés sur la fournaise :
    — En avez-vous assez ?

C'était son œuvre à lui ! — Les feux du polygone,
Et la bombe, et le sabre, et l'or de la dragonne
    Furent ses premiers jeux.
Général, pour hochets il prit les Pyramides ;
Empereur, il voulut, dans ses vœux moins timides,
    Quelque chose de mieux.

Il fit cette colonne! — Avec sa main romaine
Il tordit et mêla dans l'œuvre surhumaine
  Tout un siècle fameux,
Les Alpes se courbant sous sa marche tonnante,
Le Nil, le Rhin, le Tibre, Austerlitz rayonnante,
  Eylau froid et brumeux!

Car c'est lui qui, pareil à l'antique Encelade,
Du trône universel essaya l'escalade,
  Qui vingt ans entassa,
Remuant terre et cieux avec une parole,
Wagram sur Marengo, Champaubert sur Arcole,
  Pélion sur Ossa!

Oh! quand par un beau jour, sur la place Vendôme
Homme dont tout un peuple adorait le fantôme,
  Tu vins grave et serein,
Et que tu découvris ton œuvre magnifique,
Tranquille, et contenant d'un geste pacifique
  Tes quatre aigles d'airain ;

A cette heure où les tiens t'entouraient par cent mille,
Où, comme se pressaient autour de Paul-Emile
  Tous les petits Romains,
Nous, enfants de six ans, rangés sur ton passage,
Cherchant dans ton cortége un père au fier visage,
  Nous te battions des mains ;

Oh! qui t'eût dit alors, à ce faîte sublime,
Tandis que tu rêvais sur le trophée opime
  Un avenir si beau,
Qu'un jour à cet affront il te faudrait descendre,
Que trois cents avocats oseraient à ta cendre
  Chicaner ce tombeau!

II

Attendez donc, jeunesse folle,
Nous n'avons pas le temps encor!
Que vient-on nous parler d'Arcole,
Et de Wagram et du Thabor?
Pour avoir commandé peut-être
Quelque armée, et s'être fait maître
De quelque ville dans son temps,
Croyez-vous que l'Europe tombe
S'il n'ameute autour de sa tombe
Les Démosthènes haletants?

D'ailleurs le ciel n'est pas tranquille,
Les soucis ne leur manquent pas;
L'inégal pavé de la ville
Fait encor trébucher leurs pas.
Et pourquoi ces honneurs suprêmes?
Ont-ils des monuments eux-mêmes?
Quel temple leur a-t-on dressé?
Etrange peuple que nous sommes!
Laissez passer tous ces grands hommes!
Napoléon est bien pressé!

Toute crainte est-elle étouffée?
Nous songerons à l'immortel
Quand ils auront tous leur trophée,
Quand ils auront tous leur autel!
Attendons, attendons, mes frères.
Attendez, restes funéraires,
Dépouille de Napoléon,
Que leur courage se rassure
Et qu'ils aient donné leur mesure
Au fossoyeur du Panthéon!

III

Ainsi, — cent villes assiégées;
Memphis, Milan, Cadix, Berlin,
Soixante batailles rangées;
L'univers d'un seul homme plein;
N'avoir rien laissé dans le monde,
Dans la tombe la plus profonde,
Qu'il n'ait dompté, qu'il n'ait atteint;
Avoir, dans sa course guerrière,
Ravi le Kremlin au czar Pierre,
L'Escurial à Charles-Quint;

Ainsi, — ce souvenir qui pèse
Sur nos ennemis effarés;
Ainsi, dans une cage anglaise
Tant de pleurs amers dévorés;
Cette incomparable fortune,
Cette gloire aux rois importune,
Ce nom si grand, si vite acquis,
Sceptre unique, exil solitaire,
Ne valent pas six pieds de terre
Sous les canons qu'il a conquis!

IV

Encor si c'était crainte austère!
Si c'était l'âpre liberté
Qui d'une cendre militaire
N'ose ensemencer la cité! —
Si c'était la vierge stoïque
Qui proscrit un nom héroïque
Fait pour régner et conquérir,

Qui se rappelle Sparte et Rome,
Et craint que l'ombre d'un grand homme
N'empêche son fruit de mûrir ! —

Mais non ; la liberté sait aujourd'hui sa force.
Un trône est sous sa main comme un gui sur l'écorce,
Quand les races de rois manquent au droit juré,
Nous avons parmi nous vu passer, ô merveille !
    La plus nouvelle et la plus vieille !
Ce siècle, avant trente ans, avait tout dévoré.

    La France, guerrière et paisible,
    A deux filles du même sang : —
    L'une fait l'armée invincible,
    L'autre fait le peuple puissant.
    La Gloire, qui n'est pas l'aînée,
    N'est plus armée et couronnée ;
    Ni pavois, ni sceptre oppresseur ;
    La Gloire n'est plus décevante,
    Et n'a plus rien dont s'épouvante
    La Liberté, sa grande sœur !

v

Non, s'ils ont repoussé la relique immortelle,
C'est qu'ils en sont jaloux ! qu'ils tremblent devant elle !
    Qu'ils en sont tous pâlis !
C'est qu'ils ont peur d'avoir l'empereur sur leur tête,
Et de voir s'éclipser leurs lampions de fête
    Au soleil d'Austerlitz !

Pourtant, c'eût été beau ! — lorsque, sous la colonne,
On eût senti présents dans notre Babylone
    Ces ossements vainqueurs.

Qui pourrait dire, au jour d'une guerre civile,
Ce qu'une si grande ombre, hôtesse de la ville,
  Eût mis dans tous les cœurs !

Si jamais l'étranger, ô cité souveraine,
Eût ramené brouter les chevaux de l'Ukraine
  Sur ton sol bien-aimé,
Enfantant des soldats dans ton enceinte émue,
Sans doute qu'à travers ton pavé qui remue
  Ces os eussent germé !

Et toi, colonne ! un jour, descendu sous ta base,
Le pèlerin pensif, contemplant en extase
  Ce débris surhumain,
Serait venu peser, à genoux sur la pierre,
Ce qu'un Napoléon peut laisser de poussière
  Dans le creux de la main !

O merveille ! ô néant ! — tenir cette dépouille !
Compter et mesurer ces os que de sa rouille
  Rongea le flot marin ;
Ce genou qui jamais n'a ployé sous la crainte,
Ce pouce de géant dont tu portes l'empreinte
  Partout sur ton airain !

Contempler le bras fort, la poitrine féconde,
Le talon qui, douze ans, éperonna le monde
  Et, d'un œil filial,
L'orbite du regard qui fascinait la foule,
Ce front prodigieux, ce crâne fait au moule
  Du globe impérial ! —

Et croire entendre, en haut, dans tes noires entrailles,
Sortir du cliquetis des confuses batailles,

Des bouches du canon,
Des chevaux hennissants, des villes crénelées,
Des clairons, des tambours, du souffle des mêlées,
  Ce bruit : Napoléon !

Rhéteurs embarrassés dans votre toge neuve,
Vous n'avez pas voulu consoler cette veuve
  Vénérable aux partis !
Tout en vous partageant l'empire d'Alexandre,
Vous avez peur d'une ombre et peur d'un peu de cendre :
  Oh ! vous êtes petits !

VI

Hélas ! hélas ! garde ta tombe !
Garde ton rocher écumant,
Où, t'abattant comme la bombe,
Tu vins tomber, tiède et fumant !
Garde ton âpre Sainte-Hélène
Où de ta fortune hautaine
L'œil ébloui voit le revers ;
Garde l'ombre où tu te recueilles,
Ton saule sacré dont les feuilles
S'éparpillent dans l'univers !

Là, du moins, tu dors sans outrage.
Souvent tu t'y sens réveillé
Par les pleurs d'amour et de rage
D'un soldat rouge agenouillé !
Là, si parfois tu te relèves,
Tu peux voir, du haut de ces grèves,
Sur le globe azuré des eaux,
Courir vers ton roc solitaire,

Comme au vrai centre de la terre,
Toutes les voiles des vaisseaux !

VII

Dors, nous t'irons chercher ! ce jour viendra peut-être !
Car nous t'avons pour Dieu sans t'avoir eu pour maître !
Car notre œil s'est mouillé de ton destin fatal,
Et sous les trois couleurs comme sous l'oriflamme,
Nous ne nous pendons pas à cette corde infâme
    Qui t'arrache à ton piédestal !

Oh ! va, nous te ferons de belles funérailles !
Nous aurons bien aussi peut-être nos batailles ;
Nous en ombragerons ton cercueil respecté !
Nous y convirons tout, Europe, Afrique, Asie !
Et nous t'amènerons la jeune poésie
    Chantant la jeune liberté !

Tu seras bien chez nous ! — couché sous ta colonne,
Dans ce puissant Paris qui fermente et bouillonne,
Sous ce ciel tant de fois d'orages obscurci,
Sous ces pavés vivants qui grondent et s'amassent,
Où roulent les canons, où les légions passent : —
    Le peuple est une mer aussi.

S'il ne garde aux tyrans qu'abîme et que tonnerre,
Il a pour le tombeau, profond et centenaire
(La seule majesté dont il soit courtisan),
Un long gémissement, infini, doux et sombre,
Qui ne laissera pas regretter à ton ombre
    Le murmure de l'Océan !

    9 octobre 1830.

III

HYMNE

Ceux qui pieusement sont morts pour la patrie
Ont droit qu'à leur cercueil la foule vienne et prie.
Entre les plus beaux noms leur nom est le plus beau.
Toute gloire près d'eux passe et tombe éphémère ;
    Et, comme ferait une mère,
La voix d'un peuple entier les berce en leur tombeau !

    Gloire à notre France éternelle !
    Gloire à ceux qui sont morts pour elle !
    Aux martyrs ! aux vaillants ! aux forts !
    A ceux qu'enflamme leur exemple,
    Qui veulent place dans le temple,
    Et qui mourront comme ils sont morts !

C'est pour ces morts, dont l'ombre est ici bien venue,
Que le haut Panthéon élève dans la nue,
Au-dessus de Paris, la ville aux mille tours,
La reine de nos Tyrs et de nos Babylones,
    Cette couronne de colonnes
Que le soleil levant redore tous les jours !

    Gloire à notre France éternelle !
    Gloire à ceux qui sont morts pour elle !

Aux martyrs! aux vaillants! aux forts!
A ceux qu'enflamme leur exemple,
Qui veulent place dans le temple,
Et qui mourront comme ils sont morts!

Ainsi, quand de tels morts sont couchés dans la tombe,
En vain l'oubli, nuit sombre où va tout ce qui tombe,
Passe sur leur sépulcre où nous nous inclinons ;
Chaque jour, pour eux seuls se levant plus fidèle,
    La gloire, aube toujours nouvelle,
Fait luire leur mémoire et redore leurs noms!

    Gloire à notre France éternelle!
    Gloire à ceux qui sont morts pour elle!
    Aux martyrs! aux vaillants! aux forts!
    A ceux qu'enflamme leur exemple,
    Qui veulent place dans le temple,
    Et qui mourront comme ils sont morts!

    Juillet 1831.

IV

NOCES ET FESTINS

La salle est magnifique et la table est immense.
Toujours par quelque bout le banquet recommence,
Un magique banquet, sans cesse amoncelé
Dans l'or et le cristal et l'argent ciselé.
A cette table auguste où siégent peu de sages,
Tous les sexes ont place ainsi que tous les âges.

Guerrier de quarante ans au profil sérieux,
Jeune homme au blond duvet, jeune fille aux doux yeux,
Enfant qui balbutie et vieillard qui bégaye,
Tous mangent, tous ont faim, et leur faim les égaye,
Et les plus acharnés sont, autour des plats d'or,
Ceux qui n'ont plus de dents ou n'en ont pas encor!

Casques, cimiers, fleurons, bannières triomphales,
Les lions couronnés, les vautours bicéphales,
Les étoiles d'argent sur le sinople obscur,
L'abeille dans la pourpre et le lis dans l'azur,
Les chaines, les chevrons, les lambels, les losanges,
Tout ce que le blason a de formes étranges,
De léopards ailés, d'aigles et de griffons,
Tourbillonne autour d'eux, se cramponne aux plafonds,

Les meutes, les piqueurs, les chasses effrénées,
Tout le jour par les champs au son du cor menées.

Se tord dans l'arabesque entre leurs pieds jetée,
Plonge un bec familier dans leur coupe sculptée,
Et suspend aux lambris maint drapeau rayonnant,
Qui des poutres du toit jusqu'à leurs fronts traînant,
Les effleure du bout de sa frange superbe,
Comme un oiseau dont l'aile en passant touche l'herbe!
Et comme à ce banquet tout résonne ou reluit,
On y croit voir jouter la lumière et le bruit.

La salle envoie au ciel une rumeur de fête.
Les convives ont tous une couronne en tête,
Tous un trône sous eux où leur orgueil s'assied,
Tous un sceptre à la main, tous une chaîne au pied ;
Car il en est plus d'un qui voudrait fuir peut-être,
Et l'esclave le mieux attaché c'est le maître !

Le pouvoir enivrant qui change l'homme en dieu;
L'amour, miel et poison, l'amour, philtre de feu,
Fait du souffle mêlé de l'homme et de la femme,
Des frissons de la chair et des rêves de l'âme ;
Le plaisir, fils des nuits, dont l'œil brûlant d'espoir
Languit vers le matin et se rallume au soir;
Les meutes, les piqueurs, les chasses effrénées
Tout le jour par les champs au son du cor menées ;
La soie et l'or, les lits de cèdre et de vermeil,
Faits pour la volupté plus que pour le sommeil.
Où, quand votre maîtresse en vos bras est venue,
Sur une peau de tigre on peut la coucher nue ;
Les palais effrontés, les palais imprudents
Qui, du pauvre enviés, lui font grincer les dents ;
Les parcs majestueux, pleins d'horizons bleuâtres,
Où l'œil sous le feuillage entrevoit des albâtres,
Où le grand peuplier tremble auprès du bouleau
Où l'on entend la nuit des musiques sur l'eau,

La pudeur des beautés facilement vaincue,
La justice du juge à prix d'or convaincue;
La terreur des petits, le respect des passants,
Cet assaisonnement du bonheur des puissants;
La guerre; le canon tout gorgé de mitrailles
Qui passe son long cou par-dessus les murailles;
Le régiment marcheur, polype aux mille pieds;
La grande capitale aux bruits multipliés;
Tout ce qui jette au ciel, soit ville, soit armée,
Des vagues de poussière et des flots de fumée;
Le budget, monstre énorme, admirable poisson
A qui de toutes parts on jette l'hameçon,
Et qui, laissant à flots l'or couler de ses plaies,
Traîne un ventre splendide, écaillé de monnaies;
Tels sont les mets divins que sur des plats dorés
Leur servent à la fois cent valets affairés,
Et que dans son fourneau, laboratoire sombre,
Souterrain qui flamboie au-dessous d'eux dans l'ombre,
Prépare nuit et jour pour le royal festin
Ce morose alchimiste appelé le destin!

Le sombre amphitryon ne veut pas de plats vides,
Et la profusion lasse les plus avides;
Et pour choisir parmi tant de mets savoureux,
Pour les bien conseiller, sans cesse derrière eux,
Ils ont leur conscience, ou ce qu'ainsi l'on nomme,
Compagnon clairvoyant, guide sûr de tout homme,
A qui, par imprudence et dès les premiers jeux,
Les nourrices des rois crèvent toujours les yeux.

Oh! ce sont là les grands et les heureux du monde!
O vie intarissable où le bonheur abonde!
O magnifique orgie! ô superbe appareil!
Comme on s'enivre bien dans un festin pareil!

Comme il doit, à travers ces splendeurs éclatantes,
Vous passer dans l'esprit mille images flottantes !
Que les rires, les voix, les lampes et le vin
Vous doivent faire en l'âme un tourbillon divin !
Et que l'œil ébloui doit errer avec joie
De tout ce qui ruisselle à tout ce qui flamboie !
Mais tout à coup, tandis que l'échanson rieur
Leur verse à tous l'oubli du monde extérieur ;
A l'heure où table, et salle, et valets, et convives,
Et flambeaux couronnés d'auréoles plus vives,
Et l'orchestre caché qui chante jour et nuit
Epanchent plus de joie, et de flamme et de bruit,
Hélas ! à cet instant d'ivresse et de délire,
Où le banquet hautain semble éclater de rire,
Narguant le peuple assis à la porte en haillons,
Quelqu'un frappe soudain l'escalier des talons,
Quelqu'un survient, quelqu'un en bas se fait entendre,
Quelqu'un d'inattendu qu'on devrait bien attendre !

Ne fermez pas la porte. Il faut ouvrir d'abord,
Il faut qu'on laisse entrer ! Et tantôt c'est la mort,
Tantôt l'exil qui vient, la bouche haletante,
L'une avec un tombeau, l'autre avec une tente,
La mort au pied pesant, l'exil au pas léger,
Spectre toujours vêtu d'un habit étranger !

Le spectre est effrayant. Il entre dans la salle,
Jette sur tous les fronts son ombre colossale,
Courbe chaque convive ainsi qu'un arbre au vent,
Puis il en choisit un, le plus ivre souvent,
L'arrache du milieu de la table effrayée,
Et l'emporte, la bouche encor mal essuyée !

  Août 1832.

V

NAPOLÉON II

I

Mil huit cent onze!—O temps, où des peuples sans nombre
Attendaient prosternés sous un nuage sombre
    Que le ciel eût dit oui!
Sentaient trembler sous eux les États centenaires,
Et regardaient le Louvre entouré de tonnerres,
    Comme un mont Sinaï!

Courbés comme un cheval qui sent venir son maître,
Ils se disaient entre eux:—Quelqu'un de grand va naître!
L'immense empire attend un héritier demain.
Qu'est-ce que le Seigneur va donner à cet homme
Qui, plus grand que César, plus grand même que Rome,
Absorbe dans son sort le sort du genre humain?—

Comme ils parlaient, la nue éclatante et profonde
S'entr'ouvrit, et l'on vit se dresser sur le monde
    L'homme prédestiné,
Et les peuples béants ne purent que se taire,
Car ses deux bras levés présentaient à la terre
    Un enfant nouveau-né!

Au souffle de l'enfant, dôme des Invalides,
Les drapeaux prisonniers sous tes voûtes splendides
Frémirent, comme au vent frémissent les épis;
Et son cri, ce doux cri qu'une nourrice apaise,
Fit, nous l'avons tous vu, bondir et hurler d'aise
Les canons monstrueux à ta porte accroupis!

Et Lui! l'orgueil gonflait sa puissante narine;
Ses deux bras, jusqu'alors croisés sur sa poitrine,
  S'étaient enfin ouverts!
Et l'enfant, soutenu dans sa main paternelle,
Inondé des éclairs de sa fauve prunelle,
  Rayonnait au travers!

Quand il eut bien fait voir l'héritier de ses trônes
Aux vieilles nations comme aux vieilles couronnes,
Eperdu, l'œil fixé sur quiconque était roi,
Comme un aigle arrivé sur une haute cime,
Il cria tout joyeux avec un air sublime :
— L'avenir! l'avenir! l'avenir est à moi!

II

Non, l'avenir n'est à personne!
Sire! l'avenir est à Dieu!
A chaque fois que l'heure sonne,
Tout ici-bas nous dit adieu.
L'avenir! l'avenir! mystère!
Toutes les choses de la terre,
Gloire, fortune militaire,
Couronne éclatante des rois,
Victoire aux ailes embrasées,
Ambitions réalisées,

Ne sont jamais sur nous posées
Que comme l'oiseau sur nos toits!

Non, si puissant qu'on soit, non, qu'on rie ou qu'on pleure,
Nul ne te fait parler, nul ne peut avant l'heure
 Ouvrir ta froide main,
O fantôme muet, ô notre ombre, ô notre hôte,
Spectre toujours masqué qui nous suis côte à côte,
 Et qu'on nomme demain!

 Oh! demain, c'est la grande chose!
 De quoi demain sera-t-il fait?
 L'homme aujourd'hui sème la cause,
 Demain Dieu fait mûrir l'effet.
 Demain, c'est l'éclair dans la voile,
 C'est le nuage sur l'étoile,
 C'est un traître qui se dévoile,
 C'est le bélier qui bat les tours,
 C'est l'astre qui change de zone,
 C'est Paris qui suit Babylone;
 Demain, c'est le sapin du trône,
 Aujourd'hui, c'en est le velours!

Demain, c'est le cheval qui s'abat blanc d'écume.
Demain, ô conquérant, c'est Moscou qui s'allume,
 La nuit, comme un flambeau.
C'est votre vieille garde au loin jonchant la plaine.
Demain, c'est Waterloo! demain, c'est Sainte-Hélène!
 Demain, c'est le tombeau!

 Vous pouvez entrer dans les villes
 Au galop de votre coursier,
 Dénouer les guerres civiles
 Avec le tranchant de l'acier;

Vous pouvez, ô mon capitaine,
Barrer la Tamise hautaine,
Rendre la victoire incertaine
Amoureuse de vos clairons,
Briser toutes portes fermées,
Dépasser toutes renommées,
Donner pour astre à des armées
L'étoile de vos éperons !

Dieu garde la durée et vous laisse l'espace ;
Vous pouvez sur la terre avoir toute la place ;
Etre aussi grand qu'un front peut l'être sous le ciel ;
Sire, vous pouvez prendre, à votre fantaisie,
L'Europe à Charlemagne, à Mahomet l'Asie ; —
Mais tu ne prendras pas demain à l'Eternel !

III

O revers ! ô leçon ! — Quand l'enfant de cet homme
Eut reçu pour hochet la couronne de Rome ;
Lorsqu'on l'eut revêtu d'un nom qui retentit ;
Lorsqu'on eut bien montré son front royal qui tremble
Au peuple émerveillé qu'on puisse tout ensemble
  Etre si grand et si petit ;

Quand son père eut pour lui gagné bien des batailles ;
Lorsqu'il eut épaissi de vivantes murailles
Autour du nouveau-né riant sur son chevet ;
Quand ce grand ouvrier, qui savait comme on fonde,
Eut, à coups de cognée, à peu près fait le monde
  Selon le songe qu'il rêvait ;

Quand tout fut préparé par les mains paternelles,
Pour doter l'humble enfant de splendeurs éternelles ;

Lorsqu'on eut de sa vie assuré les relais ;
Quand, pour loger un jour ce maître héréditaire,
On eut enraciné bien avant dans la terre
    Les pieds de marbre des palais ;

Lorsqu'on eut pour sa soif posé devant la France
Un vase tout rempli du vin de l'espérance...
Avant qu'il eût goûté de ce poison doré,
Avant que de sa lèvre il eût touché la coupe,
Un Cosaque survint qui prit l'enfant en croupe
    Et l'emporta tout effaré !

IV

Oui, l'aigle un soir planait aux voûtes éternelles,
Lorsqu'un grand coup de vent lui cassa les deux ailes ;
Sa chute fit dans l'air un foudroyant sillon ;
Tous alors sur son nid fondirent pleins de joie ;
Chacun selon ses dents se partagea la proie ;
L'Angleterre prit l'aigle, et l'Autriche l'aiglon !

Vous savez ce qu'on fit du géant historique.
Pendant six ans on vit, loin derrière l'Afrique,
    Sous le verrou des rois prudents,
— Oh ! n'exilons personne ! oh ! l'exil est impie ! —
Cette grande figure en sa cage accroupie,
    Ployée, et les genoux aux dents !

Encor si ce banni n'eût rien aimé sur terre !...
Mais les cœurs de lion sont les vrais cœurs de père.
    Il aimait son fils, ce vainqueur !
Deux choses lui restaient dans sa cage inféconde,
Le portrait d'un enfant et la carte du monde,
    Tout son génie et tout son cœur !

Le soir, quand son regard se perdait dans l'alcôve,
Ce qui se remuait dans cette tête chauve,
Ce que son œil cherchait dans le passé profond,
— Tandis que ses geôliers, sentinelles placées
Pour guetter nuit et jour le vol de ses pensées,
En regardaient passer les ombres sur son front ; —

Ce n'était pas toujours, sire, cette épopée
Que vous aviez naguère écrite avec l'épée ;
    Arcole, Austerlitz, Montmirail ;
Ni l'apparition des vieilles Pyramides ;
Ni le pacha du Caire, et ses chevaux numides
    Qui mordaient le vôtre au poitrail ;

Ce n'était pas le bruit de bombe et de mitraille
Que vingt ans, sous ses pieds, avait fait la bataille
    Déchaînée en noirs tourbillons,
Quand son souffle poussait sur cette mer troublée
Les drapeaux frissonnants, penchés dans la mêlée
    Comme les mâts des bataillons ;

Ce n'était pas Madrid, le Kremlin et le Phare,
La diane au matin fredonnant sa fanfare,
Le bivouac sommeillant dans les feux étoilés,
Les dragons chevelus, les grenadiers épiques,
Et les rouges lanciers fourmillant dans les piques,
Comme des fleurs de pourpre en l'épaisseur des blés,

Non, ce qui l'occupait, c'est l'ombre blonde et rose
D'un bel enfant qui dort la bouche demi-close,
    Gracieux comme l'Orient,
Tandis qu'avec amour, sa nourrice enchantée,
D'une goutte de lait au bout du sein restée,
    Agace sa lèvre en riant !

Le père alors posait ses coudes sur sa chaise,
Son cœur plein de sanglots se dégonflait à l'aise,
   Il pleurait d'amour éperdu !... —
Sois béni, pauvre enfant, tête aujourd'hui glacée,
Seul être qui pouvais distraire sa pensée
   Du trône du monde perdu !

V

Tous deux sont morts. — Seigneur, votre droite est terrible !
Vous avez commencé par le maître invincible,
   Par l'homme triomphant ;
Puis vous avez enfin complété l'ossuaire,
Dix ans vous ont suffi pour filer le suaire
   Du père et de l'enfant !

Gloire, jeunesse, orgueil, biens que la tombe emporte !
L'homme voudrait laisser quelque chose à la porte,
   Mais la mort lui dit non !
Chaque élément retourne où tout doit redescendre.
L'air reprend la fumée, et la terre la cendre.
   L'oubli reprend le nom !

VI

O révolutions ! j'ignore,
Moi, le moindre des matelots,
Ce que Dieu dans l'ombre élabore
Sous le tumulte de vos flots.
La foule vous hait et vous raille.
Mais qui sait comment Dieu travaille ?
Qui sait si l'onde qui tressaille,
Si le cri des gouffres amers,
  Si la trombe aux ardentes serres,

Si les éclairs et les tonnerres,
Seigneur, ne sont pas nécessaires
A la perle que font les mers!

Pourtant, cette tempête est lourde
Aux princes comme aux nations,
Oh! quelle mer aveugle et sourde
Qu'un peuple en révolutions!
Que sert ta chanson, ô poëte?
Ces chants que ton génie émiette
Tombent à la vague inquiète
Qui n'a jamais rien entendu!
Ta voix s'enroue en cette brume,
Le vent disperse au loin ta plume,
Pauvre oiseau chantant dans l'écume
Sur le mât d'un vaisseau perdu!

Longue nuit! tourmente éternelle!
Le ciel n'a pas un coin d'azur.
Hommes et choses, pêle-mêle,
Vont roulant dans l'abîme obscur.
Tout dérive et s'en va sous l'onde,
Rois au berceau, maîtres du monde,
Le front chauve et la tête blonde,
Grand et petit Napoléon!
Tout s'efface, tout se délie,
Le flot sur le flot se replie,
Et la vague qui passe oublie
Léviathan comme Alcyon!

Août 1832.

VI

SUR LE BAL DE L'HOTEL-DE-VILLE

Ainsi l'Hôtel-de-Ville illumine son faîte.
Le prince et les flambeaux, tout y brille, et la fête
Ce soir va resplendir sur ce comble éclairé,
Comme l'idée au front du poëte sacré!
Mais cette fête, amis, n'est pas une pensée.
Ce n'est pas d'un banquet que la France est pressée,
Et ce n'est pas un bal qu'il faut, en vérité,
A ce tas de douleurs qu'on nomme la Cité!
Puissants! nous ferions mieux de panser quelque plaie
Dont le sage rêveur à cette heure s'effraie,
D'étayer l'escalier qui d'en bas monte en haut,
D'agrandir l'atelier, d'amoindrir l'échafaud,
De songer aux enfants qui sont sans pain dans l'ombre,
De rendre un paradis au pauvre impie et sombre,
Que d'allumer un lustre et de tenir la nuit
Quelques fous éveillés autour d'un peu de bruit!

O reines de nos toits, femmes chastes et saintes,
Fleurs qui de nos maisons parfumez les enceintes,
Vous à qui le bonheur conseille la vertu,
Vous qui contre le mal n'avez pas combattu,

A qui jamais la faim, empoisonneuse infâme,
N'a dit : Vends-moi ton corps, — c'est-à-dire votre âme !
Vous dont le cœur de joie et d'innocence est plein,
Dont la pudeur a plus d'enveloppes de lin
Que n'en avait Isis, la déesse voilée,
Cette fête est pour vous comme une aube étoilée !
Vous riez d'y courir tandis qu'on souffre ailleurs !
C'est que votre belle âme ignore les douleurs ;
Le hasard vous posa dans la sphère suprême ;
Vous vivez, vous brillez, vous ne voyez pas même,
Tant vos yeux éblouis de rayons sont noyés,
Ce qu'au-dessous de vous dans l'ombre on foule aux pieds !

Oui, c'est ainsi. — Le prince, et le riche, et le monde
Cherche à vous réjouir, vous pour qui tout abonde.
Vous avez la beauté, vous avez l'ornement ;
La fête vous enivre à son bourdonnement,
Et, comme à la lumière un papillon de soie,
Vous volez à la porte ouverte qui flamboie !
Vous allez à ce bal, et vous ne songez pas
Que parmi ces passants amassés sur vos pas,
En foule émerveillés des chars et des livrées,
D'autres femmes sont là, non moins que vous parées,
Qu'on farde et qu'on expose à vendre au carrefour ;
Spectres où saigne encor la place de l'amour ;
Comme vous pour le bal, belles et demi-nues ;
Pour vous voir au passage, hélas ! exprès venues,
Voilant leur deuil affreux d'un sourire moqueur,
Les fleurs au front, la boue aux pieds, la haine au cœur.

Mai 1835.

VII

O Dieu! si vous avez la France sous vos ailes,
Ne souffrez pas, Seigneur, ces luttes éternelles,
Ces trônes qu'on élève et qu'on brise en courant;
Ces tristes libertés qu'on donne et qu'on reprend;
Ce noir torrent de lois, de passions, d'idées,
Qui répand sur les mœurs ses vagues débordées;
Ces tribuns opposant, lorsqu'on les réunit,
Une charte de plâtre aux abus de granit;
Ces flux et ces reflux de l'onde contre l'onde;
Cette guerre, toujours plus sombre et plus profonde,
Des partis au pouvoir, du pouvoir aux partis;
L'aversion des grands qui ronge les petits;
Et toutes ces rumeurs, ces chocs, ces cris sans nombre,
Ces systèmes affreux échafaudés dans l'ombre,
Qui font que le tumulte et la haine et le bruit
Emplissent les discours, et qu'on entend la nuit,
A l'heure où le sommeil veut des moments tranquilles,
Les lourds canons rouler sur le pavé des villes!

Août 1832.

VIII

A CANARIS

Canaris ! Canaris ! nous t'avons oublié !
Lorsque sur un héros le temps s'est replié,
Quand le sublime acteur a fait pleurer ou rire,
Et qu'il a dit le mot que Dieu lui donne à dire,
Quand, venus au hasard des révolutions,
Les grands hommes ont fait leurs grandes actions,
Qu'ils ont jeté leur lustre, étincelant ou sombre,
Et qu'ils sont pas à pas redescendus dans l'ombre,
Leur nom s'éteint aussi. Tout est vain ! tout est vain !
Et jusqu'à ce qu'un jour le poëte divin
Qui peut créer un monde avec une parole,
Les prenne, et leur rallume au front une auréole,
Nul ne se souvient d'eux, et la foule aux cent voix
Qui rien qu'en les voyant hurlait d'aise autrefois,
Hélas ! si par hasard devant elle on les nomme,
Interroge et s'étonne et dit : Quel est cet homme ?
Nous t'avons oublié. Ta gloire est dans la nuit.
Nous faisons bien encor toujours beaucoup de bruit,
Mais plus de cris d'amour, plus de chants, plus de culte,
Plus d'acclamations pour toi dans ce tumulte !
Le bourgeois ne sait plus épeler ton grand nom.
Soleil qui t'es couché, tu n'as plus de Memnon !

Nous avons un instant crié : — « La Grèce! Athènes!
Sparte! Léonidas! Botzaris! Démosthènes!
Canaris, demi-dieu de gloire rayonnant!... » —
Puis l'entr'acte est venu, c'est bien, et maintenant
Dans notre esprit, si plein de ton apothéose,
Nous avons tout rayé pour écrire autre chose!
Adieu les héros grecs! leurs lauriers sont fanés.
Vers d'autres orients nos regards sont tournés.
On n'entend plus sonner ta gloire sur l'enclume
De la presse, géant par qui tout feu s'allume,
Prodigieux cyclope à la tonnante voix,
A qui plus d'un Ulysse a crevé l'œil parfois.
Oh! la presse! ouvrier qui chaque jour s'éveille,
Et qui défait souvent ce qu'il a fait la veille;
Mais qui forge du moins, de son bras souverain,
A toute chose juste une armure d'airain!

Nous t'avons oublié!

      Mais à toi, que t'importe
Il te reste, ô marin, la vague qui t'emporte,
Ton navire, un bon vent toujours prêt à souffler,
Et l'étoile du soir qui te regarde aller.
Il te reste l'espoir, le hasard, l'aventure,
Le voyage à travers une belle nature,
L'éternel changement de choses et de lieux,
La joyeuse arrivée et le départ joyeux;
L'orgueil qu'un homme libre a de se sentir vivre
Dans un brick fin voilier et bien doublé de cuivre,
Soit qu'il ait à franchir un détroit sinueux,
Soit que, par un beau temps, l'Océan monstrueux
Qui brise quand il veut les rocs et les murailles,
Le berce mollement sur ses larges écailles;
Soit que l'orage noir, envolé dans les airs,

Le batte à coups pressés de son aile d'éclairs !
Mais il te reste, ô Grec, ton ciel bleu, ta mer bleue,
Tes grands aigles qui font d'un coup d'aile une lieue,
Ton soleil toujours pur dans toutes les saisons,
La sereine beauté des tièdes horizons,
Ta langue harmonieuse, ineffable, amollie,
Que le temps a mêlée aux langues d'Italie
Comme aux flots de Baïa la vague de Samos ;
Langue d'Homère où Dante a jeté quelques mots !
Il te reste, trésor du grand homme candide,
Ton long fusil sculpté, ton yatagan splendide,
Tes larges caleçons de toile, tes caftans
De velours rouge et d'or, aux coudes éclatants !
Quand ton navire fuit sur les eaux écumeuses,
Fier de ne côtoyer que des rives fameuses,
Il te reste, ô mon Grec, la douceur d'entrevoir
Tantôt un fronton blanc dans les brumes du soir,
Tantôt, sur le sentier qui près des mers chemine,
Une femme de Thèbe ou bien de Salamine,
Paysanne à l'œil fier qui va vendre ses blés
Et pique gravement deux grands bœufs accouplés,
Assise sur un char d'homérique origine,
Comme l'antique Isis des bas-reliefs d'Égine !

  Octobre 1832.

IX

Seule au pied de la tour d'où sort la voix du maître,
Dont l'ombre à tout moment au seuil vient apparaître,
Prête à voir en bourreau se changer ton époux
Pâle et sur le pavé tombée à deux genoux,
Triste Pologne! hélas! te voilà donc liée,
Et vaincue, et déjà pour la tombe pliée!
Hélas! tes blanches mains, à défaut de tes fils,
Pressent sur ta poitrine un sanglant crucifix.
Les Baskirs ont marché sur ta robe royale
Où sont encore empreints les clous de leur sandale.
Par instant une voix gronde, on entend le bruit
D'un pas lourd, et l'on voit un sabre qui reluit,
Et toi, serrée au mur qui sous tes pleurs ruisselle,
Levant tes bras meurtris et ton front qui chancelle
Et tes yeux que déjà la mort semble ternir,
Tu dis : France, ma sœur! ne vois-tu rien venir?

Septembre 1833.

X

A L'HOMME QUI A LIVRÉ UNE FEMME

O honte ! ce n'est pas seulement cette femme,
Sacrée alors pour tous, faible cœur, mais grande âme,
Mais c'est lui, c'est son nom dans l'avenir maudit,
Ce sont les cheveux blancs de son père interdit,
C'est la pudeur publique en face regardée
Tandis qu'il s'accouplait à son infâme idée,
C'est l'honneur, c'est la foi, la pitié, le serment,
Voilà ce que ce juif a vendu lâchement !

Juif ! les impurs traitants à qui l'on vend son âme
Attendront bien longtemps avant qu'un plus infâme
Vienne réclamer d'eux, dans quelque jour d'effroi,
Le fond du sac plein d'or qu'on fit vomir sur toi !

Ce n'est pas même un juif ! C'est un païen immonde,
Un renégat, l'opprobre et le rebut du monde,
Un fétide apostat, un oblique étranger,
Qui nous donne du moins le bonheur de songer
Qu'après tant de revers et de guerres civiles,
Il n'est pas un bandit écumé dans nos villes,
Pas un forçat hideux blanchi dans les prisons,
Qui veuille mordre en France au pain des trahisons !

Rien ne te disait donc dans l'âme, ô misérable !
Que la proscription est toujours vénérable,

Qu'on ne bat pas le sein qui nous donna son lait,
Qu'une fille des rois dont on fut le valet
Ne se met point en vente au fond d'un antre infâme,
Et que n'étant plus reine elle était encor femme!

Rentre dans l'ombre où sont tous les monstres flétris
Qui, depuis quarante ans, bavent sur nos débris!
Rentre dans ce cloaque! et que jamais ta tête,
Dans un jour de malheur ou dans un jour de fête,
Ne songe à reparaître au soleil des vivants!
Qu'ainsi qu'une fumée abandonnée aux vents,
Infecte, et dont chacun se détourne au passage,
Ta vie erre au hasard de rivage en rivage!

Et tais-toi! que veux-tu balbutier encor!
Dis, n'as-tu pas vendu l'honneur, le vrai trésor?
Garde tous les soufflets entassés sur ta joue.
Que fait l'excuse au crime et le fard sur la boue?

Sans qu'un ami t'abrite à l'ombre de son toit,
Marche, autre juif errant! marche avec l'or qu'on voit
Luire à travers les doigts de tes mains mal fermées!
Tous les biens de ce monde en grappes parfumées
Pendent sur ton chemin, car le riche ici-bas
A tout, hormis l'honneur qui ne s'achète pas!

Hâte-toi de jouir, maudit! et sans relâche
Marche! et qu'en te voyant on dise: C'est ce lâche!
Marche! et que le remords soit ton seul compagnon!
Marche! sans rien pouvoir arracher de ton nom!
Car le mépris public, ombre de la bassesse,
Croît d'année en année et repousse sans cesse,
Et va s'épaississant sur les traîtres pervers
Comme la feuille au front des sapins toujours verts!

Et quand la tombe un jour, cette embûche profonde,
Qui s'ouvre tout à coup sous les choses du monde,
Te fera, d'épouvante et d'horreur agité,
Passer de cette vie à la réalité,
La réalité sombre, éternelle, immobile !
Quand d'instant en instant plus seul et plus débile,
Tu te cramponneras en vain à ton trésor;
Quand la mort, t'accostant couché sur des tas d'or,
Videra brusquement ta main crispée et pleine
Comme une main d'enfant qu'un homme ouvre sans peine,
Alors, dans cet abime où tout traître descend,
L'un roulé dans la fange et l'autre teint de sang,
Tu tomberas, perdu sur la fatale grève
Que Dante Alighieri vit avec l'œil du rêve !
Tu tomberas damné, désespéré, banni !
Afin que ton forfait ne soit pas impuni,
Et que ton âme, errante au milieu de ces âmes,
Y soit la plus abjecte entre les plus infâmes !
Et lorsqu'ils te verront paraître au milieu d'eux,
Ces fourbes dont l'histoire inscrit les noms hideux,
Que l'or tenta jadis, mais à qui, d'âge en âge,
Chaque peuple en passant vient cracher au visage,
Tous ceux, les plus obscurs comme les plus fameux,
Qui portent sur leur lèvre un baiser venimeux,
Judas qui vend son Dieu, Leclerc qui vend sa ville,
Groupe au louche regard, engeance ingrate et vile,
Tous en foule accourront joyeux sur ton chemin,
Et Louvel indigné repoussera ta main !

      Novembre 1832.

XI

A MONSIEUR LE DUC D'O.

Prince, vous avez fait une sainte action !
Loin de la haute sphère où rit l'ambition,
Un père et ses enfants, cheveux blancs, têtes blondes,
Marchaient enveloppés de ténèbres profondes,
Prêts à se perdre au fond d'un groupe de douleurs,
Le père dans le crime et les filles ailleurs.

Comme des voyageurs, lorsque la nuit les gagne
Vont s'appelant l'un l'autre au pied de la montagne,
Au penchant de l'abîme et rampant à genoux,
Ils ont crié vers moi ; moi, j'ai crié vers vous.
Je vous ai dit : Voici, tout près du précipice,
Des malheureux perdus dont le pied tremble et glisse !
Oh ! venez à leur aide et tendez-leur la main !
Vous vous êtes penché sur le bord du chemin,
Sans demander leurs noms, vos mains se sont tendues,
Et vous avez sauvé ces âmes éperdues.
Puis à moi, qui, de joie et de pitié saisi,
Vous contemplais rêveur, vous avez dit : Merci !

C'est bien. C'est noble et grand.—Sous la tente empressée
Que vos mains sur leurs fronts à la hâte ont dressée,
Ils sont là maintenant, recueillant leur espoir,

Leur force et leur courage, et tâchant d'entrevoir,
Grâce à votre rayon qui perce leur nuage,
Quelque horizon moins sombre à leur triste voyage.
Groupe encor frissonnant à sa perte échappé !
Pareil au pauvre oiseau par l'orage trempé,
Qui, s'abritant d'un chêne aux branches éternelles,
Attend pour repartir qu'il ait séché ses ailes !

Jeune homme au cœur royal, soyez toujours ainsi.
La porte qui fait dire au pauvre : C'est ici !
La main toujours tendue au bord de cet abîme
Où tombe le malheur, d'où remonte le crime !
La clef sainte, qu'on trouve au besoin sans flambeau,
Qui rouvre l'espérance et ferme le tombeau !

Soyez l'abri, le toit, le port, l'appui, l'asile !
Faites au prisonnier qu'on frappe et qu'on exile,
A cette jeune fille, hélas ! vaincue enfin,
Que marchandent dans l'ombre et le froid et la faim,
Au vieillard qui des jours vide la lie amère,
Aux enfants grelottants qui n'ont ni pain ni mère,
Faites aux malheureux, sans cesse, nuit et jour,
Verser sur vos deux mains bien des larmes d'amour !
Car Dieu fait quelquefois sous ces saintes rosées
Regermer des fleurons aux couronnes rasées.

Comme la nue altière, en son sublime essor,
Se laisse dérober son fluide trésor
Par ces flèches de fer au ciel toujours dressées,
Heureux le prince, empli de pieuses pensées,
Qui sent, du haut des cieux sombres et flamboyants,
Tout son or s'en aller aux mains des suppliants !

15 septembre 1834.

XII

A CANARIS

D'où vient que ma pensée encor revole à toi,
Grec illustre à qui nul ne songe excepté moi?
D'où vient que me voilà, seul et dans la nuit noire,
Grave et triste, essayant de redorer ta gloire?
Tandis que là, dehors, cent rhéteurs furieux
Grimpent sur des tréteaux pour attirer les yeux,
D'où vient que c'est vers toi que mon esprit retourne,
Vers toi sur qui l'oubli s'enracine et séjourne?
C'est que tu fus tranquille et grand sous les lauriers.
Nous autres qui chantons, nous aimons les guerriers,
Comme sans doute aussi vous aimez les poëtes.
Car ce que nous chantons vient de ce que vous faites!
Car le héros est fort et le poëte est saint!
Les poëtes profonds qu'aucun souffle n'éteint
Sont pareils au volcan de la Sicile blonde
Que tes regards sans doute ont vu fumer sur l'onde;
Comme le haut Etna, flamboyant et fécond,
Ils ont la lave au cœur et l'épi sur le front!
Et puis, ce fut toujours un instinct de mon âme,
Quand ce chaos mêlé de fumée et de flamme,
Quand ce grand tourbillon, par Dieu même conduit,
Qui nous emporte tous au jour ou dans la nuit

A passé sur le front des héros et des sages,
Comme après la tempête on court sur les rivages,
Moi je vais ramasser ceux qu'il jette dehors,
Ceux qui sont oubliés comme ceux qui sont morts!
Va, ne regrette rien. Ta part est la meilleure.
Vieillir dans ce Paris qui querelle et qui pleure
Et qui chante ébloui par mille visions
Comme une courtisane aux folles passions;
Rouler sur cet amas de têtes sans idées
Pleines chaque matin et chaque soir vidées;
Croître, fruit ignoré, dans ces rameaux touffus;
Etre admiré deux jours par tous ces yeux confus;
Ecouter dans ce gouffre où tout ruisseau s'écoule
Le bruit que fait un nom en tombant sur la foule;
Si des mœurs du passé quelque reste est debout,
Se répandre en torrents, comme une onde qui bout,
Sur cette forteresse autrefois glorieuse
Par la brèche qu'y fait la presse furieuse;
Contempler jour et nuit ces flots et leur rumeur,
Et s'y mêler soi-même, inutile rameur;
Voir de près, haletants sous la main qui les pique,
Les ministres traîner la machine publique,
Charrue embarrassée en des sillons bourbeux
Dont nous sommes le soc et dont ils sont les bœufs;
Tirer sur le théâtre, en de funèbres drames,
Du choc des passions l'étincelle des âmes,
Et comme avec la main tordre et presser les cœurs
Pour en faire sortir goutte à goutte les pleurs;
Emplir de son fracas la tribune aux harangues,
Babel où de nouveau se confondent les langues;
Harceler les pouvoirs, jeter sur ce qu'ils font
L'écume d'un discours au flot sombre et profond,
Etre un gond de la porte, une clef de la voûte;
Si l'on est grand et fort, chaque jour dans sa route

Ecraser des serpents tout gonflés de venins ;
Etre arbuste dans l'herbe et géant chez les nains ;
Tout cela ne vaut pas, ô noble enfant de l'onde,
Le bonheur de flotter sur cette mer féconde
Qui vit partir Argo, qui vit naître Colomb,
D'y jeter par endroits la sonde aux pieds de plomb,
Et de voir, à travers la vapeur du cigare,
Décroître à l'horizon Mantinée ou Mégare !

———

Que si tu nous voyais, ô fils de l'Archipel,
Quand la presse a battu l'unanime rappel,
Créneler à la hâte un droit qu'on veut détruire,
Ou, foule dévouée à qui veut nous conduire,
Contre un pouvoir pygmée agitant son beffroi,
Nous ruer pâle-mêle à l'assaut d'une loi,
Sur ces combats d'enfants, sur ces frêles trophées,
Oh! que tu jetterais le dédain par bouffées,
Toi qui brises tes fers rien qu'en les secouant,
Toi dont le bras, la nuit, envoie en se jouant,
Avec leurs icoglans, leurs noirs, leurs femmes nues,
Les capitans-pachas s'éveiller dans les nues !

———

Va, que te fait l'oubli de ceux dont tu rirais
Si tu voyais leurs mains et leurs âmes de près ?
Que t'importe ces cœurs faits de cire ou de pierre,
Ces mémoires en qui tout est cendre et poussière ?
Ce traitant qui, du peuple infructueux fardeau,
N'est bon qu'à s'emplir d'or comme l'éponge d'eau,
Ce marchand accoudé sur son comptoir avide,
Et ce jeune énervé, face imbécile et vide,
Eunuque par le cœur, qui n'admire à Paris

Que les femmes de race et les chevaux de prix !
Que t'importe le bruit de l'Europe où tout roule,
L'homme et l'événement, sous les pieds de la foule !
De Paris qui s'éveille et s'endort tour à tour,
Et fait un mauvais rêve en attendant le jour !
De Londre où l'hôpital ne vaut pas l'hippodrome !
De Rome qui n'est plus que l'écaille de Rome !
Et de ceux qui sont rois ou tribuns, et de ceux
Qui tiennent ton Hellé sous leur joug paresseux,
Vandales vernissés, blonds et pâles barbares,
Qui viennent au pays des rudes Palikares,
Tout restaurer, mœurs, peuple et monuments, hélas !
Civiliser la Grèce et gratter Phidias !

Et puis, qui sait — candeur que j'admire et que j'aime !
Si tu n'as pas fini par t'oublier toi-même !

Que t'importe ! tandis que, debout sur le port,
Tu vends à quelque Anglais un passage à ton bord ;
Ou que tu fais rouler et ranger sur la grève
Des ballots que longtemps le marchand vit en rêve ;
Ou que ton joyeux rire accueille tes égaux,
Tes amis, les patrons de Corinthe et d'Argos ;
Peut-être en ce moment quelque femme de Grèce
Dont un bandeau païen serre la noire tresse,
Mère féconde ou fille avec de vieux parents,
Tourne sur toi ses yeux fixes et transparents,
Se souvient de Psara, de Chio, de Nauplie,
Et de toute la mer de Canaris remplie,
Et t'admirant de loin comme on admire un roi,
Sans oser te parler, passe en priant pour toi !

    Septembre 1835.

XIII

Il n'avait pas vingt ans. Il avait abusé
De tout ce qui peut être aimé, souillé, brisé.
Il avait tout terni sous ses mains effrontées.
Les blêmes voluptés sur sa trace ameutées
Sortaient, pour l'appeler, de leur repaire impur
Quand son ombre passait à l'angle de leur mur.
Sa séve, nuit et jour, s'épuisait aux orgies
Comme la cire ardente aux mèches des bougies.
Chassant l'été, l'hiver il posait au hasard
Son coude à l'Opéra sur Gluck ou sur Mozart.
Jamais il ne trempait sa tête dans ces ondes
Qu'Homère et que Shakspeare épanchent si profondes,
Il ne croyait à rien ; jamais il ne rêvait ;
Le bâillement hideux siégeait à son chevet ;
Toujours son ironie, inféconde et morose,
Jappait sur les talons de quelque grande chose ;
Il se faisait de tout le centre et le milieu ;
Il achetait l'amour, il aurait vendu Dieu.
La nature, la mer, le ciel bleu, les étoiles,
Tous ces vents pour qui l'âme a toujours quelques voiles,
N'avaient rien dont son cœur fût dans l'ombre inquiet.
Il n'aimait pas les champs. Sa mère l'ennuyait.
Enfin, ivre, énervé, ne sachant plus que faire,
Sans haine, sans amour, et toujours, ô misère !

Avant la fin du jour blasé du lendemain,
Un soir qu'un pistolet se trouva sous sa main,
Il rejeta son âme au ciel, voûte fatale,
Comme le fond du verre au plafond de la salle !

Jeune homme, tu fus lâche, imbécile et méchant.
Nous ne te plaindrons pas. Lorsque le soc tranchant
A passé, donne-t-on une larme à l'ivraie?
Mais ce que nous plaindrons d'une douleur bien vraie,
C'est celle sur laquelle un tel fils est tombé,
C'est ta mère, humble femme au dos lent et courbé,
Qui sent fléchir sans toi son front que l'âge plombe,
Et qui fit le berceau de qui lui fait sa tombe !
Nous ne te plaindrons pas, mais ce que nous plaindrons,
Ce qui nous est encor sacré sous les affronts,
C'est cette triste enfant qui jadis pure et tendre
Chantait à sa mansarde où ton or l'alla prendre,
Qui s'y laissa tenter comme au soleil levant,
Croyant la faim derrière et le bonheur devant ;
Qui voit son âme, hélas ! qu'on mutile et qu'on foule,
Eparse maintenant sous les pieds de la foule ;
Qui pleure son parfum par ton souffle enlevé ;
Pauvre vase de fleurs tombé sur le pavé !

Non, ce que nous plaindrons, ce n'est pas toi, vaine ombre,
Chiffre qu'on n'a jamais compté dans aucun nombre,
C'est ton nom jadis pur, maintenant avili,
C'est ton père expiré, ton père enseveli,
Vénérable soldat de notre armée ancienne,
Que ta tombe en s'ouvrant réveille dans la sienne !
Ce sont les serviteurs, tes parents, tes amis,
Tous ceux qui t'entouraient, tous ceux qui s'étaient mis
Follement à ton ombre, et dont la destinée
Par malheur dans la tienne était enracinée.

C'est tout ce qu'ont flétri les caprices ingrats,
C'est ton chien qui t'aimait et que tu n'aimais pas !

Pour toi, triste orgueilleux, riche au cœur infertile,
Qui vivais impuissant et qui meurs inutile,
Toi qui tranchas tes jours pour faire un peu de bruit,
Sans même être aperçu, retourne dans la nuit !
C'est bien. Sors du festin sans qu'un flambeau s'efface !
Tombe au torrent, sans même en troubler la surface !
Ce siècle a son idée, elle marche à grands pas
Et toujours à son but ! Ton sépulcre n'est pas
De ceux qui la feront trébucher dans sa route.
Ta porte en se fermant ne vaut pas qu'on l'écoute.
Va donc ! Qu'as-tu trouvé, ton caprice accompli ?
Voluptueux, la tombe et vaniteux, l'oubli !

   Avril 1831.

Certe, une telle mort, ignorée ou connue,
N'importe pas au siècle, et rien n'en diminue.
On n'en parle pas même et l'on passe à côté.
Mais lorsque, grandissant sous le ciel attristé,
L'aveugle suicide étend son aile sombre,
Et prend à chaque instant plus d'âmes sous son ombre;
Quand il éteint partout, hors des desseins de Dieu,
Des fronts pleins de lumière et des cœurs pleins de feu;
Quand Robert, qui voilait, peintre au pinceau de flamme,
Sous un regard serein l'orage de son âme,
Rejette le calice avant la fin du jour
Dès qu'il en a vidé ce qu'il contient d'amour;
Quand Castlereagh, ce taon qui piqua Bonaparte,
Cet Anglais mélangé de Carthage et de Sparte,

Se plonge au cœur l'acier et meurt désabusé,
Assouvi de pouvoirs, de ruses épuisé;
Quand Rabbe de poison inonde ses blessures;
Comme un cerf poursuivi d'aboyantes morsures,
Lorsque Gros haletant, se jette, faible et vieux,
Au fleuve, pour tromper sa meute d'envieux;
Quand de la mère au fils, et du père à la fille,
Partout ce vent de mort ébranche la famille;
Lorsqu'on voit le vieillard se hâter au tombeau
Après avoir longtemps trouvé le soleil beau,
Et l'épouse quittant le foyer domestique,
Et l'écolier lisant dans quelque livre antique,
Et tous ces beaux enfants, hélas! trop tôt mûris,
Qui ne connaissaient pas les hommes, qu'à Paris
Souvent un songe d'or jusques au ciel enlève,
Et qui se sont tués quand, du haut de leur rêve
De gloire, de vertu, d'amour, de liberté,
Ils sont tombés le front sur la société; —
Alors le croyant prie et le penseur médite!
Hélas! l'humanité va peut-être trop vite.
Où tend ce siècle? où court le troupeau des esprits?
Rien n'est encor trouvé, rien n'est encor compris;
Car beaucoup ici-bas sentent que l'espoir tombe
Et se brisent la tête à l'angle de la tombe
Comme vous briseriez le soir sur le pavé
Un œuf où rien ne germe, et qu'on n'a pas couvé!
Mal d'un siècle en travail où tout se décompose!
Quel en est le remède et quelle en est la cause?
Serait-ce que la foi derrière la raison
Décroît comme un soleil qui baisse à l'horizon?
Que Dieu n'est plus compté dans ce que l'homme fonde?
Et qu'enfin il se fait une nuit trop profonde
Dans ces recoins du cœur, du monde inaperçus,
Que peut seule éclairer votre lampe, ô Jésus!

Est-il temps, matelots mouillés par la tempête,
De rebâtir l'autel et de courber la tête?
Devons-nous regretter ces jours anciens et forts
Où les vivants croyaient ce qu'avaient cru les morts
Jours de piété grave et de force féconde,
Lorsque la Bible ouverte éblouissait le monde!

Amas sombre et mouvant de méditations!
Problème périlleux! obscures questions
Qui font que, par moments s'arrêtant immobile,
Le poëte pensif erre encor dans la ville
A l'heure où sur ses pas on ne rencontre plus
Que le passant tardif aux yeux irrésolus
Et la ronde de nuit, comme un rêve apparue,
Qui va tâtant dans l'ombre à tous les coins de rue!

   Septembre 1835,

XIV

Oh ! n'insultez jamais une femme qui tombe !
Qui sait sous quel fardeau la pauvre âme succombe !
Qui sait combien de jours sa faim a combattu !
Quand le vent du malheur ébranlait leur vertu,
Qui de nous n'a pas vu de ces femmes brisées
S'y cramponner longtemps de leurs mains épuisées !
Comme au bout d'une branche on voit étinceler
Une goutte de pluie où le ciel vient briller,
Qu'on secoue avec l'arbre et qui tremble et qui lutte,
Perle avant de tomber et fange après sa chute !
La faute en est à nous ; à toi, riche ! à ton or !
Cette fange d'ailleurs contient l'eau pure encor.
Pour que la goutte d'eau sorte de la poussière,
Et redevienne perle en sa splendeur première,
Il suffit, c'est ainsi que tout remonte au jour,
D'un rayon de soleil ou d'un rayon d'amour !

Septembre 1835

XV

CONSEIL

Rien encor n'a germé de vos rameaux flottants
Sur notre jeune terre où, depuis quarante ans,
    Tant d'âmes se sont échouées,
Doctrines aux fruits d'or, espoir des nations,
Que la hâtive main des révolutions
    Sur nos têtes a secouées !

Nous attendons toujours ! Seigneur, prenez pitié
Des peuples qui, toujours satisfaits à moitié,
    Vont d'espérance en espérance,
Et montrez-nous enfin l'homme de votre choix
Parmi tous ces tribuns et parmi tous ces rois
    Que vous essayez à la France !

Qui peut se croire fort, puissant et souverain ?
Qui peut dire en scellant des barrières d'airain
    Jamais vous ne serez franchies !
Dans ce siècle de bruit, de gloire et de revers,
Où les roseaux penchés au bord des étangs verts
    Durent plus que les monarchies !

Rois ! la bure est souvent jalouse du velours
Le peuple a froid l'hiver, le peuple a faim toujours.

    Rendez-lui son sort plus facile.
Le peuple souvent porte un bien rude collier.
Ouvrez l'école aux fils, aux pères l'atelier,
    A tous vos bras, auguste asile!

Par la bonté des rois rendez les peuples bons.
Sous d'étranges malheurs souvent nous nous courbons;
    Songez que Dieu seul est le maître.
Un bienfait par quelqu'un est toujours ramassé.
Songez-y, rois minés sur qui pèse un passé,
    Gros du même avenir peut-être!

Donnez à tous. Peut-être un jour tous vous rendront!
Donnez, — on ne sait pas quels épis germeront
    Dans notre siècle autour des trônes! —
De la main droite aux bons, de la gauche aux méchants!
Comme le laboureur sème sa graine aux champs,
    Ensemencez les cœurs d'aumônes!

———

O Rois! le pain qu'on porte au vieillard desséché,
La pauvre adolescente enlevée au marché,
Le bienfait souriant, toujours prêt à toute heure,
Qui vient, riche et voilé, partout où quelqu'un pleure,
Le cri reconnaissant d'une mère à genoux,
L'enfant sauvé qui lève entre le peuple et vous
Ses deux petites mains sincères et joyeuses,
Sont la meilleure digue aux foules furieuses.

Hélas! je vous le dis, ne vous endormez pas,
Tandis que l'avenir s'amoncèle là-bas!

Il arrive parfois, dans le siècle où nous sommes,
Qu'un grand vent tout à coup soulève à flots les hom

Vent de malheur, formé, comme tous les autans,
De souffles quelque part comprimés trop longtemps ;
Vent qui de tout foyer disperse la fumée ;
Dont s'attise l'idée à cette heure allumée ;
Qui passe sur tout homme, et, torche ou flot amer,
Le fait étinceler ou le fait écumer ;
Ebranle toute digue et toute citadelle ;
Dans la société met à nu d'un coup d'aile
Des sommets jusqu'alors par des brumes voilés,
Des gouffres ténébreux ou des coins étoilés ;
Vent fatal qui confond les meilleurs et les pires,
Arrache mainte tuile au vieux toit des empires,
Et prenant dans l'état, en haut, en bas, partout,
Tout esprit qui dérive et toute âme qui bout,
Tous ceux dont un zéphyr fait remuer les têtes,
Tout ce qui devient onde à l'heure des tempêtes,
Amoncelant dans l'ombre et chassant à la fois
Ces flots, ces bruits, ce peuple, et ces pas, et ces voix,
Et les groupes sans forme et les rumeurs sans nombre,
Pousse tout cet orage au seuil d'un palais sombre !

Palais sombre en effet, et plongé dans la nuit !
D'où les illusions s'envolent à grand bruit,
Quelques-unes en pleurs, d'autres qu'on entend rire !
C'en est fait. L'heure vient ! le voile se déchire
Adieu les songes d'or ! On se réveille, on voit
Un spectre aux mains de chair qui vous touche du doigt.
C'est la réalité, qu'on sent là, qui vous pèse.
On rêvait Charlemagne, on pense à Louis Seize !

Heure grande et terrible où, doutant des canons,
La royauté nommant ses amis par leurs noms,
Recueillant tous les bruits que la tempête apporte,
Attend, l'œil à la vitre et l'oreille à la porte !

Où l'on voit dans un coin, ses filles dans ses bras,
La reine qui pâlit, pauvre étrangère, hélas !
Où les petits enfants des familles royales
De quelque vieux soldat pressent les mains loyales,
Et demandent, avec des sanglots superflus,
Aux valets qui déjà ne leur répondent plus,
D'où viennent ces rumeurs, ces terreurs, ce mystère,
Et les ébranlements de cette affreuse terre
Qu'ils sentent remuer comme la mer aux vents,
Et qui ne tremble pas sous les autres enfants !

Hélas ! vous crénelez vos mornes Tuileries ;
Vous encombrez les ponts de vos artilleries ;
Vous gardez chaque rue avec un régiment ;
A quoi bon ? à quoi bon ? De moment en moment
La tourbe s'épaissit, grosse et désespérée
Et terrible : et qu'importe à l'heure où leur marée
Sort et monte en hurlant du fond du gouffre amer,
La mitraille à la foule et la grêle à la mer !

O redoutable époque ! et quels temps que les nôtres !
Où, rien qu'en se serrant les uns contre les autres,
Les hommes dans leurs plis écrasent tours, châteaux,
Donjons que les captifs rayaient de leurs couteaux,
Créneaux, portes d'airain comme un carton ployées,
Et, sur leurs boulevards vainement appuyées,
Les pâles garnisons, et les canons de fer
Broyés avec le mur comme l'os dans la chair !

Comment se défendra ce roi qu'un peuple assiége ?
Plus léger sur ce flot que sur l'onde un vain liége,
Plus vacillant que l'ombre aux approches du soir,
Ecoutant sans entendre et regardant sans voir,
Il est là qui frissonne, impuissant, infertile.

Sa main tremble, et sa tête est un crible inutile,
Hélas! hélas! les rois en ont seuls de pareils!
Qui laisse tout passer, hors les mauvais conseils!

Que servent maintenant ces sabres, ces épées,
Ces lignes de soldats par des caissons coupées;
Ces bivouacs, allumés dans les jardins profonds,
Dont la lueur sinistre empourpre les plafonds;
Ce général choisi, qui déjà, vaine garde,
Sent peut-être à son front sourdre une autre cocarde;
Et tous ces cuirassiers, soldats vieux et nouveaux,
Qui plantent dans la cour des pieux pour leurs chevaux?
Que sert la grille close et la mèche allumée?
Il faudrait une tête et tu n'as qu'une armée!
Que faire de ce peuple à l'immense roulis,
Mer qui traîne du moins une idée en ses plis,
Vaste inondation d'hommes, d'enfants, de femmes,
Flots qui tous ont des yeux, vagues qui sont des âmes!

Malheur alors! O Dieu! faut-il que nous voyions
Le côté monstrueux des révolutions!
Qui peut dompter la mer? Seigneur! qui peut répondre
Des ondes de Paris et des vagues de Londre,
Surtout lorsque la ville ameutée aux tambours
Sent ramper dans ses flots l'hydre de ses faubourgs!

Dans ce palais fatal où l'empire s'écroule,
Dont la porte bientôt va ployer sous la foule,
Où l'on parle tout bas de passages secrets,
Où le roi sent déjà qu'on le sert de moins près,
Où la mère en tremblant rit à l'enfant qui pleure,
O mon Dieu! que va-t-il se passer tout à l'heure?
Comment vont-ils jouer avec ce nid de rois?
Pourquoi faut-il qu'aux jours où le pauvre aux abois

Sent sa haine des grands de ce qu'il souffre accrue,
Notre faute ou la leur le lâchent dans la rue?
Temps de deuil où l'émeute en fureur sort de tout!
Où le peuple devient difforme tout à coup!

Malheur donc! c'est fini. Plus de barrière au trône!
Mais Dieu garde un trésor à qui lui fit l'aumône.
Si le prince a laissé, dans des temps moins changeants,
L'empreinte de ses pas à des seuils indigents,
Si des bienfaits cachés il fut parfois complice,
S'il a souvent dit : grâce! où la loi dit : supplice!
Ne désespérez pas. Le peuple aux mauvais jours
A pu tout oublier, Dieu se souvient toujours!
Souvent un cri du cœur sorti d'une humble bouche
Désarme, impérieux, une foule farouche
Qui tenait une proie en ses poings triomphants.
Les mères aux lions font rendre les enfants!
Oh! dans cet instant même où le naufrage gronde,
Où l'on sent qu'un boulet ne peut rien contre une onde,
Où, liquide et fangeuse, et pleine de courroux,
La populace à l'œil stupide, aux cheveux roux,
Aboyant sur le seuil comme un chien pour qu'on ouvre,
Arrive, éclaboussant les chapiteaux du Louvre,
Océan qui n'a point d'heure pour son reflux;
Au moment où l'on voit que rien n'arrête plus
Ce flot toujours grossi que chaque instant apporte,
Qui veut monter, qui hurle et qui mouille la porte;
C'est un spectacle auguste et que j'ai vu déjà
Souvent, quand mon regard dans l'histoire plongea,
Qu'une bonne action, cachée en un coin sombre,
Qui sort subitement toute blanche de l'ombre,
Et comme autrefois Dieu qu'elle prend à témoin,
Dit au peuple écumant : Tu n'iras pas plus loin!

  Décembre 1834.

XVI

Le grand homme vaincu peut perdre en un instant
Sa gloire, son empire, et son trône éclatant,
    Et sa couronne qu'on renie,
Tout, jusqu'à ce prestige à sa grandeur mêlé
Qui faisait voir son front dans un ciel étoilé;
    Il garde toujours son génie !

Ainsi, quand la bataille enveloppe un drapeau,
Tout ce qui n'est qu'azur, écarlate, oripeau,
    Frange d'or, tunique de soie,
Tombe sous la mitraille en un moment haché,
Et, lambeau par lambeau, s'en va comme arraché,
    Par le bec d'un oiseau de proie !

Et qu'importe ! à travers les cris, les pas, les voix,
Et la mêlée en feu qui sur tous à la fois
    Fait tourner son horrible meule,
Au plus haut de la hampe, orgueil des bataillons,
Où pendait cette pourpre envolée en haillons,
    L'aigle de bronze reste seule !

    Février 1835.

XVII

A ALPHONSE RABBE

MORT LE 31 DÉCEMBRE 1829.

Hélas! que fais-tu donc, ô Rabbe, ô mon ami
Sévère historien dans la tombe endormi!

Je l'ai pensé souvent dans mes heures funèbres,
Seul près de mon flambeau qui rayait les ténèbres,
O noble ami, pareil aux hommes d'autrefois,
Il manque parmi nous ta voix, ta forte voix
Pleine de l'équité qui gonflait ta poitrine;
Il nous manque ta main qui grave et qui burine,
Dans ce siècle où par l'or les sages sont distraits,
Où l'idée est servante auprès des intérêts,
Temps de fruits avortés et de tiges rompues,
D'instincts dénaturés, de raisons corrompues,
Où, dans l'esprit humain tout étant dispersé,
Le présent au hasard flotte sur le passé!
Si parmi nous ta tête était debout encore,
Cette cime où vibrait l'éloquence sonore,
Au milieu de nos flots tu serais calme et grand,
Tu serais comme un pont posé sur le courant.

Tu serais pour chacun la voix haute et sensée
Qui fait que tout brouillard s'en va de la pensée,
Et que la vérité, qu'en vain nous repoussions,
Sort de l'amas confus des sombres visions!

Tu dirais aux partis qu'ils font trop de poussière
Autour de la raison pour qu'on la voie entière;
Au peuple, que la loi du travail est sur tous,
Et qu'il est assez fort pour n'être pas jaloux;
Au pouvoir, que jamais le pouvoir ne se venge,
Et que pour le penseur c'est un spectacle étrange
Et triste quand la loi, figure au bras d'airain,
Déesse qui ne doit avoir qu'un front serein,
Sort à de certains jours de l'urne consulaire
L'œil hagard, écumante et folle de colère!

Et ces jeunes esprits, à qui tu souriais,
Et que leur âge livre aux rêves inquiets,
Tu leur dirais : « Amis, nés pour des temps prospères,
« Oh! n'allez pas errer comme ont erré vos pères!
« Laissez mûrir vos fronts! gardez-vous, jeunes gens,
« Des systèmes dorés aux plumages changeants
« Qui dans les carrefours s'en vont faire la roue!
« Et de ce qu'en vos cœurs l'Amérique secoue,
« Peuple à peine essayé, nation de hasard,
« Sans tige, sans passé, sans histoire et sans art!
« Et de cette sagesse impie, envenimée,
« Du cerveau de Voltaire éclose tout armée,
« Fille de l'ignorance et de l'orgueil, posant
« Les lois des anciens jours sur les mœurs d'à présent,
« Qui refait un chaos partout où fut un monde;
« Qui rudement enfonce, ô démence profonde!
« Le casque étroit de Sparte au front du vieux Paris;

« Qui dans les temps passés, mal lus et mal compris,
« Viole effrontément tout sage pour lui faire
« Un monstre qui serait la terreur de son père !
« Si bien que les héros antiques tout tremblants
« S'en sont voilé la face, et qu'après trois mille ans,
« Par ses embrassements réveillé sous la pierre,
« Lycurgue qu'elle épouse enfante Robespierre ! »

Tu nous dirais à tous : « Ne vous endormez pas !
« Veillez et soyez prêts ! car déjà pas à pas
« La main de l'oiseleur dans l'ombre s'est glissée
« Partout où chante un nid couvé par la pensée !
« Car les plus nobles cœurs sont vaincus ou sont las,
« Car la Pologne aux fers ne peut plus même, hélas !
« Mordre le pied du czar appuyé sur sa gorge !
« Car on voit chaque jour s'allonger dans la forge
« La chaîne que les rois, craignant la Liberté,
« Font pour cette géante endormie à côté !
« Ne vous endormez pas ! Travaillez sans relâche !
« Car les grands ont leur œuvre et les petits leur tâche.
« Chacun a son ouvrage à faire. Chacun met
« Sa pierre à l'édifice encor loin du sommet.
« Qui croit avoir fini pour un roi qu'on dépose
« Se trompe. Un roi qui tombe est toujours peu de chose.
« Il est plus difficile et c'est un plus grand poids
« De relever les mœurs que d'abattre les rois.
« Rien chez vous n'est complet. La ruine ou l'ébauche.
« L'épi n'est pas formé que votre main le fauche !
« Vous êtes encombrés de plans toujours rêvés
« Et jamais accomplis. Hommes, vous ne savez,
« Tant vous connaissez peu ce qui convient aux âmes,
« Que faire des enfants ni que faire des femmes !
« Où donc en êtes-vous ? Vous vous applaudissez
« Pour quelques blocs de lois au hasard entassés !

« Ah ! l'heure du repos pour aucun n'est venue.
« Travaillez ! Vous cherchez une chose inconnue ;
« Vous n'avez pas de foi, vous n'avez pas d'amour ;
« Rien chez vous n'est encore éclairé du vrai jour !
« Crépuscule et brouillards que vos plus clairs systèmes !
« Dans vos lois, dans vos mœurs, et dans vos esprits mêmes,
« Partout l'aube blanchâtre ou le couchant vermeil !
« Nulle part le midi ! nulle part le soleil ! »

Tu parlerais ainsi dans des livres austères,
Comme parlaient jadis les anciens solitaires,
Comme parlent tous ceux devant qui l'on se tait,
Et l'on t'écouterait comme on les écoutait.
Et l'on viendrait vers toi, dans ce siècle plein d'ombre
Où chacun se heurtant aux obstacles sans nombre
Que faute de lumière on tâte avec la main,
Le conseil manque à l'âme et le guide au chemin !

———

Hélas ! à chaque instant des souffles de tempêtes
Amassent plus de brume et d'ombre sur nos têtes.
De moment en moment l'avenir s'assombrit.
Dans le calme du cœur, dans la paix de l'esprit,
Je t'adressais ces vers où mon âme sereine
N'a laissé sur ta pierre écumer nulle haine,
A toi qui dors couché dans le tombeau profond,
A toi qui ne sais plus ce que les hommes font !
Je t'adressais ces vers pleins de tristes présages.
Car c'est bien follement que nous nous croyions sages !
Le combat furieux recommence à gronder
Entre le droit de croître et le droit d'émonder ;
La bataille où les lois attaquent les idées
Se mêle de nouveau sur des mers mal sondées ;

Chacun se sent troublé comme l'eau sous le vent;
Et moi-même, à cette heure, à mon foyer rêvant,
Voilà, depuis cinq ans qu'on oubliait Procuste,
Que j'entends aboyer au seuil du drame auguste
La censure à l'haleine immonde, aux ongles noirs,
Cette chienne au front bas qui suit tous les pouvoirs,
Vile, et mâchant toujours dans sa gueule souillée,
O muse! quelque pan de ta robe étoilée!

Hélas! que fais-tu donc, ô Rabbe, ô mon ami,
Sévère historien dans la tombe endormi?

   Septembre 1835.

XVIII

ENVOI DES FEUILLES D'AUTOMNE

A MADAME ***.

I

Ce livre errant qui va l'aile brisée,
Et que le vent jette à votre croisée
Comme un grêlon à tous les murs cogné,

Hélas ! il sort des tempêtes publiques.
Le froid, la pluie, et mille éclairs obliques
L'ont assailli, le pauvre nouveau-né.

Il est puni d'avoir fui ma demeure.
Après avoir chanté, voici qu'il pleure ;
Voici qu'il boite après avoir plané !

II

En attendant que le vent le remporte,
Ouvrez, Marie, ouvrez-lui votre porte.
Raccommodez ses vers estropiés !

Dans votre alcôve à tous les vents bien close,
Pour un instant souffrez qu'il se repose,
Qu'il se réchauffe au feu de vos trépieds.

Qu'à vos côtés, à votre ombre, il se couche,
Oiseau plumé, qui, frileux et farouche,
Tremble et palpite, abrité sous vos pieds!

 Janvier 1832.

XIX

Anacréon, poëte aux ondes érotiques
Qui filtres du sommet des sagesses antiques,
Et qu'on trouve à mi-côte alors qu'on y gravit,
Clair, à l'ombre, épandu sur l'herbe qui revit,
Tu me plais, doux poëte au flot calme et limpide!
Quand le sentier qui monte aux cimes est rapide,
Bien souvent, fatigués du soleil, nous aimons
Boire au petit ruisseau tamisé par les monts!

Août 1835.

XX

I

L'aurore s'allume,
L'ombre épaisse fuit;
Le rêve et la brume
Vont où va la nuit;
Paupières et roses
S'ouvrent demi-closes;
Du réveil des choses
On entend le bruit.

Tout chante et murmure,
Tout parle à la fois,
Fumée et verdure,
Les nids et les toits;
Le vent parle aux chênes,
L'eau parle aux fontaines;
Toutes les haleines
Deviennent des voix!

Tout reprend son âme,
L'enfant son hochet,
Le foyer sa flamme,
Le luth son archet;
Folie ou démence,
Dans le monde immense,

Chacun recommence
Ce qu'il ébauchait.

Qu'on pense ou qu'on aime,
Sans cesse agité,
Vers un but suprême,
Tout vole emporté ;
L'esquif cherche un môle,
L'abeille un vieux saule,
La boussole un pôle,
Moi la vérité !

II

Vérité profonde !
Granit éprouvé
Qu'au fond de toute onde
Mon ancre a trouvé !
De ce monde sombre
Où passent dans l'ombre
Des songes sans nombre,
Plafond et pavé !

Vérité, beau fleuve
Que rien ne tarit !
Source où tout s'abreuve !
Tige où tout fleurit !
Lampe que Dieu pose
Près de toute cause !
Clarté que la chose
Envoie à l'esprit !

Arbre à rude écorce,
Chêne au vaste front,

Que selon sa force
L'homme ploie ou rompt;
D'où l'ombre s'épanche;
Où chacun se penche,
L'un sur une branche,
L'autre sur le tronc !

Mont d'où tout ruisselle !
Gouffre où tout s'en va !
Sublime étincelle
Que fait Jéhova !
Rayon qu'on blasphème !
OEil calme et suprême
Qu'au front de Dieu même
L'homme un jour creva !

III

O terre, ô merveilles
Dont l'éclat joyeux
Emplit nos oreilles,
Eblouit nos yeux !
Bords où meurt la vague,
Bois qu'un souffle élague,
De l'horizon vague
Plis mystérieux !

Azur dont se voile
L'eau du gouffre amer,
Quand, laissant ma voile
Fuir au gré de l'air,
Penché sur la lame,
J'écoute avec l'âme

Cet épithalame
Que chante la mer !

Azur non moins tendre
Du ciel qui sourit,
Quand, tâchant d'entendre
Ce que dit l'esprit,
Je cherche, ô nature,
La parole obscure
Que le vent murmure,
Que l'étoile écrit !

Création pure !
Etre universel !
Océan, ceinture,
De tout sous le ciel !
Astres que fait naître
Le souffle du maître,
Fleurs où Dieu peut-être
Cueille quelque miel !

O champs ! ô feuillages !
Monde fraternel !
Clocher des villages
Humble et solennel !
Mont qui portes l'aire !
Aube fraîche et claire,
Sourire éphémère
De l'astre éternel !

N'êtes-vous qu'un livre
Sans fin ni milieu,
Où chacun pour vivre
Cherche à lire un peu ?

Phrase si profonde
Qu'en vain on la sonde!
L'œil y voit un monde,
L'âme y trouve un Dieu !

Beau livre qu'achèvent
Les cœurs ingénus;
Où les penseurs rêvent
Des sens inconnus;
Où ceux que Dieu charge
D'un front vaste et large
Ecrivent en marge :
Nous sommes venus!

Saint livre où la voile
Qui flotte en tous lieux,
Saint livre où l'étoile
Qui rayonne aux yeux,
Ne trace, ô mystère !
Qu'un nom solitaire,
Qu'un nom sur la terre,
Qu'un nom dans les cieux!

Livre salutaire
Où le cœur s'emplit !
Où tout sage austère
Travaille et pâlit !
Dont le sens rebelle
Parfois se révèle !
Pythagore épèle
Et Moïse lit !

Décembre 1834.

XXI

Hier, la nuit d'été, qui nous prêtait ses voiles,
Etait digne de toi, tant elle avait d'étoiles !
Tant son calme était frais, tant son souffle était doux !
Tant elle éteignait bien ses rumeurs apaisées !
Tant elle répandait d'amoureuses rosées
     Sur les fleurs et sur nous !

Moi, j'étais devant toi, plein de joie et de flamme !
Car tu me regardais avec toute ton âme !
J'admirais la beauté dont ton front se revêt ;
Et sans même qu'un mot révélât ta pensée,
La tendre rêverie en ton cœur commencée
     Dans mon cœur s'achevait !

Et je bénissais Dieu, dont la grâce infinie
Sur la nuit et sur toi jeta tant d'harmonie,
Qui, pour me rendre calme et pour me rendre heureux,
Vous fit, la nuit et toi, si belles et si pures,
Si pleines de rayons, de parfums, de murmures,
     Si douces toutes deux !

Oh ! oui, bénissons Dieu dans notre foi profonde !
C'est lui qui fit ton âme et qui créa le monde !
Lui qui charme mon cœur, lui qui ravit mes yeux !
C'est lui que je retrouve au fond de tout mystère !
C'est lui qui fait briller ton regard sur la terre
     Comme l'étoile aux cieux !

C'est Dieu qui mit l'amour au bout de toute chose,
L'amour en qui tout vit, l'amour sur qui tout pose!
C'est Dieu qui fait la nuit plus belle que le jour.
C'est Dieu qui sur ton corps, ma jeune souveraine,
A versé la beauté comme une coupe pleine,
  Et dans mon cœur l'amour!

Laisse-toi donc aimer! — Oh! l'amour, c'est la vie.
C'est tout ce qu'on regrette et tout ce qu'on envie
Quand on voit sa jeunesse au couchant décliner.
Sans lui rien n'est complet, sans lui rien ne rayonne.
La beauté c'est le front, l'amour c'est la couronne :
  Laisse-toi couronner!

Ce qui remplit une âme! hélas! tu peux m'en croire,
Ce n'est pas un peu d'or, ni même un peu de gloire,
Poussière que l'orgueil rapporte des combats;
Ni l'ambition folle, occupée aux chimères,
Qui ronge tristement les écorces amères
  Des choses d'ici-bas;

Non, il lui faut, vois-tu, l'hymen de deux pensées,
Les soupirs étouffés, les mains longtemps pressées,
Le baiser, parfum pur, enivrante liqueur,
Et tout ce qu'un regard dans un regard peut lire,
Et toutes les chansons de cette douce lyre
  Qu'on appelle le cœur!

Il n'est rien sous le ciel qui n'ait sa loi secrète,
Son lieu cher et choisi, son abri, sa retraite,
Où mille instincts profonds nous fixent nuit et jour;
Le pêcheur a la barque où l'espoir l'accompagne,
Les cygnes ont le lac, les aigles la montagne,
  Les âmes ont l'amour!

 Mai 18...

XXII

NOUVELLE CHANSON SUR UN VIEIL AIR

S'il est un charmant gazon
  Que le ciel arrose,
Où brille en toute saison
  Quelque fleur éclose,
Où l'on cueille à pleine main
Lis, chèvrefeuille et jasmin,
J'en veux faire le chemin
  Où ton pied se pose!

S'il est un sein bien aimant
  Dont l'honneur dispose!
Dont le ferme dévoûment
  N'ait rien de morose,
Si toujours ce noble sein
Bat pour un digne dessein!
J'en veux faire le coussin
  Où ton front se pose!

S'il est un rêve d'amour,
  Parfumé de rose,
Où l'on trouve chaque jour
  Quelque douce chose,

Un rêve que Dieu bénit,
Où l'âme à l'âme s'unit,
Oh! j'en veux faire le nid
  Où ton cœur se pose!

Février 18...

XXIII

AUTRE CHANSON

L'aube naît et ta porte est close !
Ma belle, pourquoi sommeiller ?
A l'heure où s'éveille la rose
Ne vas-tu pas te réveiller ?

    O ma charmante,
    Ecoute ici
    L'amant qui chante
    Et pleure aussi !

Tout frappe à ta porte bénie ;
L'aurore dit : Je suis le jour !
L'oiseau dit : Je suis l'harmonie !
Et mon cœur dit : Je suis l'amour !

    O ma charmante,
    Ecoute ici
    L'amant qui chante
    Et pleure aussi !

Je t'adore ange et t'aime femme.
Dieu qui par toi m'a complété

A fait mon amour pour ton âme
Et mon regard pour ta beauté !

  O ma charmante,
  Ecoute ici
  L'amant qui chante
  Et pleure aussi !

Février 18...

XXIV

Oh! pour remplir de moi ta rêveuse pensée,
Tandis que tu m'attends, par la marche lassée,
Sous l'arbre au bord du lac, loin des yeux importuns,
Tandis que sous tes pieds l'odorante vallée,
Toute pleine de brume au soleil envolée,
Fume comme un beau vase où brûlent des parfums ;

Que tout ce que tu vois, les coteaux et les plaines,
Les doux buissons de fleurs aux charmantes haleines,
  La vitre au vif éclair,
Le pré vert, le sentier qui se noue aux villages,
Et le ravin profond débordant de feuillages
  Comme d'ondes la mer,

Que le bois, le jardin, la maison, la nuée,
Dont midi ronge au loin l'ombre diminuée,
Que tous les points confus qu'on voit là-bas trembler,
Que la branche aux fruits mûrs, que la feuille séchée,
Que l'automne, déjà par septembre ébauchée,
Que tout ce qu'on entend ramper, marcher, voler,

Que ce réseau d'objets qui t'entoure et te presse,
Et dont l'arbre amoureux qui sur ton front se dresse

Est le premier chaînon ;
Herbe et feuille, onde et terre, ombre, lumière et flamme,
Que tout prenne une voix, que tout devienne une âme,
    Et te dise mon nom !

Enghien. Septembre, 18...

XXV

Puisque j'ai mis ma lèvre à ta coupe encor pleine ;
Puisque j'ai dans tes mains posé mon front pâli ;
Puisque j'ai respiré parfois la douce haleine
De ton âme, parfum dans l'ombre enseveli ;

Puisqu'il me fut donné de t'entendre me dire
Les mots où se répand le cœur mystérieux ;
Puisque j'ai vu pleurer, puisque j'ai vu sourire
Ta bouche sur ma bouche et tes yeux sur mes yeux

Puisque j'ai vu briller sur ma tête ravie
Un rayon de ton astre, hélas ! voilé toujours ;
Puisque j'ai vu tomber dans l'onde de ma vie
Une feuille de rose arrachée à tes jours,

Je puis maintenant dire aux rapides années :
— Passez ! passez toujours ! je n'ai plus à vieillir !
Allez-vous-en avec vos fleurs toutes fanées ;
J'ai dans l'âme une fleur que nul ne peut cueillir !

Votre aile en le heurtant ne fera rien répandre
Du vase où je m'abreuve et que j'ai bien rempli.
Mon âme a plus de feu que vous n'avez de cendre !
Mon cœur a plus d'amour que vous n'avez d'oubli !

Janvier 18..

XXVI

A MADEMOISELLE J.

Chantez! chantez! jeune inspirée!
La femme qui chante est sacrée
Même aux jaloux, même aux pervers!
La femme qui chante est bénie!
Sa beauté défend son génie.
Les beaux yeux sauvent les beaux vers!

Moi que déchire tant de rage,
J'aime votre aube sans orage;
Je souris à vos yeux sans pleurs.
Chantez donc vos chansons divines.
A moi la couronne d'épines!
A vous la couronne de fleurs!

Il fut un temps, un temps d'ivresse,
Où l'aurore qui vous caresse
Rayonnait sur mon beau printemps;
Où l'orgueil, la joie et l'extase,
Comme un vin pur d'un riche vase,
Débordaient de mes dix-sept ans!

Alors, à tous mes pas présente,
Une chimère éblouissante

Fixait sur moi ses yeux dorés ;
Alors, prés verts, ciels bleus, eaux vives,
Dans les riantes perspectives
Mes regards flottaient égarés !

Alors je disais aux étoiles :
O mon astre ! en vain tu te voiles,
Je sais que tu brilles là-haut !
Alors je disais à la rive :
Vous êtes la gloire, et j'arrive.
Chacun de mes jours est un flot !

Je disais au bois : Forêt sombre,
J'ai comme toi des nuits sans nombre
A l'aigle : Contemple mon front !
Je disais aux coupes vidées :
Je suis plein d'ardentes idées
Dont les âmes s'enivreront !

Alors, du fond de vingt calices,
Rosée, amour, parfums, délices,
Se répandaient sur mon sommeil ;
J'avais des fleurs plein mes corbeilles
Et comme un vif essaim d'abeilles,
Mes pensers volaient au soleil !

Comme un clair de lune bleuâtre
Et le rouge brasier du pâtre
Se mirent au même ruisseau ;
Comme dans les forêts mouillées,
A travers le bruit des feuillées
On entend le bruit d'un oiseau ;

Tandis que tout me disait : Aime !
Ecoutant tout hors de moi-même,

Ivre d'harmonie et d'encens,
J'entendais, ravissant murmure,
Le chant de toute la nature
Dans le tumulte de mes sens!

Et roses par avril fardées,
Nuits d'été de lune inondées,
Sentiers couverts de pas humains,
Tout, l'écueil aux hanches énormes,
Et les vieux troncs d'arbres difformes,
Qui se penchent sur les chemins,

Me parlaient cette langue austère,
Langue de l'ombre et du mystère,
Qui demande à tous : Que sait-on ?
Qui, par moments presque étouffée,
Chante des notes pour Orphée,
Prononce des mots pour Platon!

La terre me disait : Poëte!
Le ciel me répétait : Prophète!
Marche! parle! enseigne! bénis!
Penche l'urne des chants sublimes!
Verse aux vallons noirs comme aux cimes,
Dans les aires et dans les nids !

Ces temps sont passés. — A cette heure,
Heureux pour quiconque m'effleure,
Je suis triste au dedans de moi ;
J'ai sous mon toit un mauvais hôte;
Je suis la tour splendide et haute
Qui contient le sombre beffroi.

L'ombre en mon cœur s'est épanchée;
Sous mes prospérités cachée

La douleur pleure en ma maison,
Un ver ronge ma grappe mûre;
Toujours un tonnerre murmure
Derrière mon vague horizon!

L'espoir mène à des portes closes.
Cette terre est pleine de choses
Dont nous ne voyons qu'un côté.
Le sort de tous nos vœux se joue;
Et la vie est comme la roue
D'un char dans la poudre emporté!

A mesure que les années,
Plus pâles et moins couronnées,
Passent sur moi du haut du ciel,
Je vois s'envoler mes chimères
Comme des mouches éphémères
Qui n'ont pas su faire de miel!

Vainement j'attise en moi-même
L'amour, ce feu doux et suprême
Qui brûle sur tous les trépieds,
Et toute mon âme enflammée
S'en va dans le ciel en fumée
Ou tombe en cendre sous mes pieds!

Mon étoile a fui sous la nue.
La rose n'est plus revenue
Se poser sur mon rameau noir.
Au fond de la coupe est la lie,
Au fond des rêves la folie,
Au fond de l'aurore le soir!

Toujours quelque bouche flétrie,
Souvent par ma pitié nourrie,

Dans tous mes travaux m'outragea.
Aussi que de tristes pensées,
Aussi que de cordes brisées
Pendent à ma lyre déjà !

Mon avril se meurt feuille à feuille ;
Sur chaque branche que je cueille
Croît l'épine de la douleur,
Toute herbe a pour moi sa couleuvre ;
Et la haine monte à mon œuvre
Comme un bouc au cytise en fleur !

La nature grande et touchante,
La nature qui vous enchante
Blesse mes regards attristés.
Le jour est dur, l'aube est meilleure.
Hélas ! la voix qui me dit : Pleure !
Est celle qui vous dit : Chantez !

Chantez ! chantez ! belle inspirée !
Saluez cette aube dorée
Qui jadis aussi m'enivra.
Tout n'est pas sourire et lumière.
Quelque jour de votre paupière
Peut-être une larme éclora !

Alors je vous plaindrai, pauvre âme !
Hélas ! les larmes d'une femme,
Ces larmes où tout est amer,
Ces larmes où tout est sublime,
Viennent d'un plus profond abîme
Que les gouttes d'eau de la mer !

Mars 18...

XXVII

La pauvre fleur disait au papillon céleste :
— Ne fuis pas !
Vois comme nos destins sont différents. Je reste,
Tu t'en vas !

Pourtant nous nous aimons, nous vivons sans les hommes
Et loin d'eux,
Et nous nous ressemblons, et l'on dit que nous sommes
Fleurs tous deux !

Mais, hélas ! l'air t'emporte et la terre m'enchaine.
Sort cruel !
Je voudrais embaumer ton vol de mon haleine
Dans le ciel !

Mais non, tu vas trop loin ! — Parmi des fleurs sans nombre
Vous fuyez,
Et moi je reste seule à voir tourner mon ombre
A mes pieds !

Tu fuis, puis tu reviens, puis tu t'en vas encore
Luire ailleurs.
Aussi me trouves-tu toujours à chaque aurore
Toute en pleurs !

Oh ! pour que notre amour coule des jours fidèles,
O mon roi,
Prends comme moi racine, ou donne-moi des ailes
Comme à toi !

ENVOI A ***.

Roses et papillons, la tombe nous rassemble
Tôt ou tard.
Pourquoi l'attendre, dis? Veux-tu pas vivre ensemble
Quelque part ?

Quelque part dans les airs, si c'est là que se berce
Ton essor !
Aux champs, si c'est aux champs que ton calice verse
Son trésor !

Où tu voudras ! qu'importe ! oui, que tu sois haleine
Ou couleur,
Papillon rayonnant, corolle à demi pleine,
Aile ou fleur !

Vivre ensemble, d'abord ! c'est le bien nécessaire
Et réel.
Après on peut choisir au hasard, ou la terre
Ou le ciel !

Septembre 18...

XXVIII

AU BORD DE LA MER

Vois, ce spectacle est beau. — Ce paysage immense
Qui toujours devant nous finit et recommence;
Ces blés, ces eaux, ces prés, ce bois charmant aux yeux,
Ce chaume où l'on entend rire un groupe joyeux;
L'océan qui s'ajoute à la plaine où nous sommes;
Ce golfe, fait par Dieu, puis refait par les hommes,
Montrant la double main empreinte en ses contours,
Et des amas de rocs sous des monceaux de tours;
Ces landes, ces forêts, ces crêtes déchirées;
Ces antres à fleur d'eau qui boivent les marées;
Cette montagne, au front de nuages couvert,
Qui dans un de ses plis porte un beau vallon vert,
Comme un enfant des fleurs dans un pan de sa robe;
La ville que la brume à demi nous dérobe,
Avec ses mille toits bourdonnants et pressés;
Ce bruit de pas sans nombre et de rameaux froissés,
De voix et de chansons qui par moments s'élève;
Ces lames que la mer amincit sur la grève,
Où les longs cheveux verts des sombres goëmons
Tremblent dans l'eau moirée avec l'ombre des monts;
Cet oiseau qui voyage et cet oiseau qui joue;
Ici cette charrue, et là-bas cette proue,

Traçant en même temps chacune leur sillon ;
Ces arbres et ces mâts, jouets de l'aquilon ;
Et là-bas, par delà les collines lointaines,
Ces horizons remplis de formes incertaines ;
Tout ce que nous voyons, brumeux ou transparent,
Flottant dans les clartés, dans les ombres errant,
Fuyant, debout, penché, fourmillant, solitaire,
Vagues, rochers, gazons ; — regarde, c'est la terre !

Et là-haut, sur ton front, ces nuages si beaux
Où pend et se déchire une pourpre en lambeaux ;
Cet azur, qui ce soir sera l'ombre infinie ;
Cet espace qu'emplit l'éternelle harmonie ;
Ce merveilleux soleil, ce soleil radieux,
Si puissant à changer toute forme à nos yeux,
Que parfois, transformant en métaux les bruines,
On ne voit plus dans l'air que splendides ruines,
Entassements confus, amas étincelants
De cuivres et d'airains l'un sur l'autre croulants,
Cuirasses, boucliers, armures dénouées,
Et caparaçons d'or aux croupes des nuées ;
L'éther, cet océan si liquide et si bleu,
Sans rivage et sans fond, sans borne et sans milieu,
Que l'oscillation de toute haleine agite,
Où tout ce qui respire, ou remue, ou gravite,
A sa vague et son flot, à d'autres flots uni,
Où passent à la fois, mêlés dans l'infini,
Air tiède et vents glacés, aubes et crépuscules,
Brises d'hiver, ardeur des chaudes canicules,
Les parfums de la fleur et ceux de l'encensoir,
Les astres scintillant sur la robe du soir,
Et les brumes de gaze, et la douteuse étoile,
Paillette qui se perd dans les plis noirs du voile,
La clameur des soldats qu'enivre le tambour,

Le froissement du nid qui tressaille d'amour,
Les souffles, les échos, les brouillards, les fumées,
Mille choses que l'homme encor n'a pas nommées,
Les flots de la lumière et les ondes du bruit,
Tout ce qu'on voit le jour, tout ce qu'on sent la nuit;
Eh bien! nuage, azur, espace, éther, abîmes,
Ce fluide océan, ces régions sublimes
Toutes pleines de feux, de lueurs, de rayons,
Où l'âme emporte l'homme, où tous deux nous fuyons,
Où volent sur nos fronts, selon des lois profondes,
Près de nous les oiseaux et loin de nous les mondes,
Cet ensemble ineffable, immense, universel,
Formidable et charmant, — contemple, c'est le ciel!

Oh oui! la terre est belle et le ciel est superbe;
Mais quand ton sein palpite et quand ton œil reluit,
Quand ton pas gracieux court si léger sur l'herbe;
Que le bruit d'une lyre est moins doux que son bruit;

Lorsque ton frais sourire, aurore de ton âme,
Se lève rayonnant sur moi qu'il rajeunit,
Et de ta bouche rose, où naît sa douce flamme,
Monte jusqu'à ton front comme l'aube au zénith;

Quand, parfois, sans te voir, ta jeune voix m'arrive
Disant des mots confus qui m'échappent souvent,
Bruit d'une eau qui se perd sous l'ombre de sa rive,
Chanson d'oiseau caché qu'on écoute en rêvant;

Lorsque ma poésie, insultée et proscrite,
Sur ta tête un moment se repose en chemin;
Quand ma pensée en deuil sous la tienne s'abrite,
Comme un flambeau de nuit sous une blanche main;

Quand nous nous asseyons tous deux dans la vallée;
Quand ton âme, soudain apparue en tes yeux,
Contemple, avec les pleurs d'une sœur exilée,
Quelque vertu sur terre ou quelque étoile aux cieux!

Quand brille sous tes cils, comme un feu sous les branches,
Ton beau regard terni par de longues douleurs;
Quand sur les maux passés tout à coup tu te penches,
Que tu veux me sourire et qu'il te vient des pleurs;

Quand mon corps et ma vie à ton souffle résonnent,
Comme un tremblant clavier qui vibre à tout moment;
Quand tes doigts, se posant sur mes doigts qui frissonnent,
Font chanter dans mon cœur un céleste instrument;

Lorsque je te contemple, ô mon charme suprême!
Quand ta noble nature, épanouie aux yeux,
Comme l'ardent buisson qui contenait Dieu même,
Ouvre toutes ses fleurs et jette tous ses feux,

Ce qui sort à la fois de tant de douces choses,
Ce qui de ta beauté s'exhale nuit et jour,
Comme un parfum formé du souffle de cent roses,
C'est bien plus que la terre et le ciel, c'est l'amour!

Octobre 18...

XXIX

Puisque nos heures sont remplies
De trouble et de calamités ;
Puisque les choses que tu lies
Se détachent de tous côtés ;

Puisque nos pères et nos mères
Sont allés où nous irons tous ;
Puisque des enfants, têtes chères,
Se sont endormis avant nous ;

Puisque la terre où tu t'inclines
Et que tu mouilles de tes pleurs,
A déjà toutes nos racines
Et quelques-unes de nos fleurs ;

Puisqu'à la voix de ceux qu'on aime
Ceux qu'on aima mêlent leur voix ;
Puisque nos illusions même
Sont pleines d'ombres d'autrefois ;

Puisqu'à l'heure où l'on boit l'extase
On sent la douleur déborder ;
Puisque la vie est comme un vase
Qu'on ne peut emplir ni vider ;

Puisqu'à mesure qu'on avance
Dans plus d'ombre on se sent flotter;
Puisque la menteuse espérance
N'a plus de conte à nous conter;

Puisque le cadran, quand il sonne,
Ne nous promet rien pour demain;
Puisqu'on ne connait plus personne
De ceux qui vont dans le chemin;

Mets ton esprit hors de ce monde!
Mets ton rêve ailleurs qu'ici-bas!
Ta perle n'est pas dans notre onde!
Ton sentier n'est point sous nos pas!

Quand la nuit n'est pas étoilée,
Viens te bercer aux flots des mers;
Comme la mort elle est voilée,
Comme la vie ils sont amers.

L'ombre et l'abîme ont un mystère
Que nul mortel ne pénétra;
C'est Dieu qui leur dit de se taire
Jusqu'au jour où tout parlera!

D'autres yeux de ces flots sans nombre
Ont vainement cherché le fond!
D'autres yeux se sont emplis d'ombre
A contempler ce ciel profond!

Toi, demande au monde nocturne
De la paix pour ton cœur désert!
Demande une goutte à cette urne!
Demande un chant à ce concert!

Plane au-dessus des autres femmes,
Et laisse errer tes yeux si beaux
Entre le ciel où sont les âmes
Et la terre où sont les tombeaux !

Février 18...

XXX

ESPOIR EN DIEU

Espère, enfant! demain! et puis demain encore!
Et puis toujours demain! croyons dans l'avenir.
Espère! et chaque fois que se lève l'aurore,
Soyons là pour prier comme Dieu pour bénir!

Nos fautes, mon pauvre ange, ont causé nos souffrances.
Peut-être qu'en restant bien longtemps à genoux,
Quand il aura béni toutes les innocences,
Puis tous les repentirs, Dieu finira par nous!

Octobre 18...

XXXI

Puisque mai tout en fleurs dans les prés nous réclame,
Viens! ne te lasse pas de mêler à ton âme
La campagne, les bois, les ombrages charmants,
Les larges clairs de lune au bord des flots dormants,
Le sentier qui finit où le chemin commence,
Et l'air et le printemps et l'horizon immense,
L'horizon que ce monde attache humble et joyeux
Comme une lèvre au bas de la robe des cieux!
Viens! et que le regard des pudiques étoiles
Qui tombe sur la terre à travers tant de voiles,
Que l'arbre pénétré de parfums et de chants,
Que le souffle embrasé de midi dans les champs,
Et l'ombre et le soleil, et l'onde et la verdure,
Et le rayonnement de toute la nature
Fassent épanouir, comme une double fleur,
La beauté sur ton front et l'amour dans ton cœur!

Mai 18...

XXXII

A LOUIS B.

Ami, le voyageur que vous avez connu,
Et dont tant de douleurs ont mis le cœur à nu,
Monta, comme le soir s'épanchait sur la terre,
Triste et seul, dans la tour lugubre et solitaire,
Tour sainte où la pensée est mêlée au granit,
Où l'homme met son âme, où l'oiseau fait son nid!
Il gravit la spirale aux marches presque usées,
Dont le mur s'entr'ouvrait aux bises aiguisées,
Sans regarder les toits amoindris sous ses pieds;
Puis entra sous la voûte aux arceaux étayés,
Où la cloche, attendant la prière prochaine,
Dormait, oiseau d'airain, dans sa cage de chêne!

Vaste et puissante cloche au battant monstrueux!
Un câble aux durs replis chargeait son cou noueux.
L'œil qui s'aventurait sous sa coupole sombre
Y voyait s'épaissir de larges cercles d'ombre.
Les reflets sur ses bords se fondaient mollement.
Au fond tout était noir. De moment en moment
Sous cette voûte obscure où l'air vibrait encore
On sentait remuer comme un lambeau sonore.

On entendait des bruits glisser sur les parois,
Comme si, se parlant d'une confuse voix,
Dans cette ombre, où dormaient leurs légions ailées,
Les notes chuchotaient à demi réveillées.
Bruits douteux pour l'oreille et de l'âme écoutés!
Car même en sommeillant, sans souffle et sans clartés,
Toujours le volcan fume et la cloche soupire;
Toujours de cet airain la prière transpire;
Et l'on n'endort pas plus la cloche aux sons pieux
Que l'eau sur l'océan ou le vent dans les cieux!

La cloche, écho du ciel placé près de la terre!
Voix grondante qui parle à côté du tonnerre,
Faite pour la cité comme lui pour la mer!
Vase plein de rumeur qui se vide dans l'air!

Sur cette cloche, auguste et sévère surface,
Hélas! chaque passant avait laissé sa trace.
Partout des mots impurs creusés dans le métal
Rompaient l'inscription du baptême natal.
On distinguait encore, au sommet ciselée,
Une couronne à coups de couteau mutilée.
Chacun, sur cet airain par Dieu même animé,
Avait fait son sillon où rien n'avait germé!
Ils avaient semé là, ceux-ci leur vie immonde,
Ceux-là leurs vœux perdus comme une onde dans l'onde,
D'autres l'amour des sens dans la fange accroupi,
Et tous l'impiété, ce chaume sans épi.
Tout était profané dans la cloche bénie.
La rouille s'y mêlait, autre amère ironie!
Sur le nom du Seigneur l'un avait mis son nom!
Où le prêtre dit oui, l'autre avait écrit non!
Lâche insulte! affront vil! vain outrage d'une heure
Que fait tout ce qui passe à tout ce qui demeure!

Alors, tandis que l'air se jouait dans les cieux,
Et que sur les chemins gémissaient les essieux,
Que les champs exhalaient leurs senteurs embaumées,
Les hommes leurs rumeurs et les toits leurs fumées,
Il sentit, à l'aspect du bronze monument,
Comme un arbre inquiet qui sent confusément
Des ailes se poser sur ses feuilles froissées,
S'abattre sur son front un essaim de pensées.

———

I

Seule en ta sombre tour aux faîtes dentelés,
D'où ton souffle descend sur les toits ébranlés,
O cloche suspendue au milieu des nuées,
Par ton vaste roulis si souvent remuées,
Tu dors en ce moment dans l'ombre, et rien ne luit
Sous ta voûte profonde où sommeille le bruit !
Oh ! tandis qu'un esprit qui jusqu'à toi s'élance,
Silencieux aussi, contemple ton silence,
Sens-tu, par cet instinct vague et plein de douceur
Qui révèle toujours une sœur à la sœur,
Qu'à cette heure où s'endort la soirée expirante,
Une âme est près de toi, non moins que toi vibrante,
Qui bien souvent aussi jette un bruit solennel,
Et se plaint dans l'amour comme toi dans le ciel !

II

Oh ! dans mes premiers temps de jeunesse et d'aurore,
Lorsque ma conscience était joyeuse encore,
Sur son vierge métal mon âme avait aussi
Son auguste origine écrite comme ici,

Et sans doute à côté quelque inscription sainte,
Et, n'est-ce pas, ma mère ? une couronne empreinte !
Mais des passants aussi, d'impérieux passants
Qui vont toujours au cœur par le chemin des sens !
Qui, lorsque le hasard jusqu'à nous les apporte,
Montent notre escalier et poussent notre porte,
Qui viennent bien souvent trouver l'homme au saint lieu,
Et qui le font tinter pour d'autres que pour Dieu ;
Les passions, hélas ! tourbe un jour accourue,
Pour visiter mon âme ont monté de la rue,
Et de quelque couteau se faisant un burin,
Sans respect pour le verbe écrit sur son airain,
Toutes, mêlant ensemble injure, erreur, blasphème,
L'ont rayée en tous sens comme ton bronze même,
Où le nom du Seigneur, ce nom grand et sacré,
N'est pas plus illisible et plus défiguré !

III

Mais qu'importe à la cloche et qu'importe à mon âme !
Qu'à son heure, à son jour, l'esprit saint les réclame,
Les touche l'une et l'autre, et leur dise : Chantez !
Soudain, par toute voie et de tous les côtés,
De leur sein ébranlé, rempli d'ombres obscures,
A travers leur surface, à travers leurs souillures,
Et la cendre et la rouille, amas injurieux,
Quelque chose de grand s'épandra dans les cieux !

Ce sera l'hosanna de toute créature !
Ta pensée, ô Seigneur ! ta parole, ô nature !
Oui, ce qui sortira, par sanglots, par éclairs,
Comme l'eau du glacier, comme le vent des mers,
Comme le jour à flots des urnes de l'aurore,
Ce qu'on verra jaillir, et puis jaillir encore,

Du clocher toujours droit, du front toujours debout,
Ce sera l'harmonie immense qui dit tout!
Tout! les soupirs du cœur, les élans de la foule;
Le cri de ce qui monte et de ce qui s'écroule;
Le discours de chaque homme à chaque passion;
L'adieu qu'en s'en allant chante l'illusion;
L'espoir éteint, la barque échouée à la grève;
La femme qui regrette et la vierge qui rêve,
La vertu qui se fait de ce que le malheur
A de plus douloureux, hélas! et de meilleur;
L'autel enveloppé d'encens et de fidèles;
Les mères retenant les enfants auprès d'elles;
La nuit qui chaque soir fait taire l'univers
Et ne laisse ici-bas la parole qu'aux mers;
Les couchants flamboyants; les aubes étoilées,
Les heures de soleil et de lune mêlées;
Et les monts et les flots proclamant à la fois
Ce grand nom qu'on retrouve au fond de toute voix;
Et l'hymne inexpliqué qui, parmi des bruits d'ailes,
Va de l'aire de l'aigle au nid des hirondelles,
Et ce cercle dont l'homme a sitôt fait le tour,
L'innocence, la foi, la prière et l'amour!
Et l'éternel reflet de lumière et de flamme
Que l'âme verse au monde et que Dieu verse à l'âme!

IV

Oh! c'est alors qu'émus et troublés par ces chants,
Le peuple dans la ville et l'homme dans les champs,
Et le sage attentif aux voix intérieures,
A qui l'éternité fait oublier les heures,
S'inclinent en silence; et que l'enfant joyeux
Court auprès de sa mère et lui montre les cieux;
C'est alors que chacun sent un baume qui coule

Sur tous ses maux cachés ; c'est alors que la foule
Et le cœur isolé qui souffre obscurément
Boivent au même vase un même enivrement ;
Et que la vierge, assise au rebord des fontaines,
Suspend sa rêverie à ses rumeurs lointaines ;
C'est alors que les bons, les faibles, les méchants,
Tous à la fois, la veuve en larmes, les marchands
Dont l'échoppe a poussé sous le sacré portique
Comme un champignon vil au pied d'un chêne antique,
Et le croyant soumis, prosterné sous la tour,
Ecoutent, effrayés et ravis tour à tour,
Comme on rêve au bruit sourd d'une mer écumante,
La grande âme d'airain qui là-haut se lamente !

V

Hymne de la nature et de l'humanité !
Hymne par tout écho sans cesse répété !
Grave, inouï, joyeux, désespéré, sublime !
Hymne qui des hauts lieux ruisselle dans l'abîme !
Et qui, des profondeurs du gouffre harmonieux,
Comme une onde en brouillard, remonte dans les cieux,
Cantique qu'on entend sur les monts, dans les plaines,
Passer, chanter, pleurer par toutes les haleines ;
Ecumer dans le fleuve et frémir dans les bois,
A l'heure où nous voyons s'allumer à la fois,
Au bord du ravin sombre, au fond du ciel bleuâtre,
L'étoile du berger avec le feu du pâtre !
Hymne qui le matin s'évapore des eaux,
Et qui le soir s'endort dans le nid des oiseaux !
Verbe que dit la cloche aux cloches ébranlées !
Et que l'âme redit aux âmes consolées !
Psaume immense et sans fin que ne traduiraient pas
Tous les mots fourmillants des langues d'ici-bas,

Et qu'exprime en entier dans un seul mot suprême
Celui qui dit : Je prie, et celui qui dit : J'aime !

Et ce psaume éclatant, cet hymne aux chants vainqueurs
Qui tinte dans les airs moins haut que dans les cœurs,
Pour sortir plus à flots de leurs gouffres sonores,
De l'âme et de la cloche ouvrira tous les pores.
Toutes deux le diront d'une ineffable voix,
Pure comme le bruit des sources dans les bois,
Chaste comme un soupir de l'amour qui s'ignore,
Vierge comme le chant que chante chaque aurore.
Alors tout parlera dans les deux instruments
D'amour et d'harmonie et d'extase écumants.
Alors, non-seulement ce qui sur leur surface
Reste du Verbe saint que chaque jour efface,
Mais tout ce que grava dans leur bronze souillé
Le passant imbécile avec son clou rouillé,
L'ironie et l'affront, les mots qui perdent l'âme,
La couronne tronquée et devenue infâme,
Tout puisant vie et source en leurs vibrations,
Tout se transfigurant dans leurs commotions,
Mêlera, sans troubler l'ensemble séraphique,
Un chant plaintif et tendre à leur voix magnifique !
Oui, le blasphème inscrit sur le divin métal
Dans ce concert sacré perdra son cri fatal ;
Chaque mot qui renie et chaque mot qui doute
Dans ce torrent d'amour exprimera sa goutte ;
Et pour faire éclater l'hymne pur et serein,
Rien ne sera souillure et tout sera l'airain !

VI

Oh ! c'est un beau triomphe à votre loi sublime,
Seigneur, pour vos regards dont le feu nous ranime

C'est un spectacle auguste, ineffable et bien doux
A l'homme comme à l'ange, à l'ange comme à vous,
Qu'une chose en passant par l'impie avilie,
Qui, dès que votre esprit la touche, se délie,
Et sans même songer à son indigne affront,
Chante, l'amour au cœur et le blasphème au front!

———

Voilà sur quelle pente, en ruisseaux divisée,
S'écroulait flots à flots l'onde de sa pensée,
Grossie à chaque instant par des sanglots du cœur.
La nuit, que la tristesse aime comme une sœur,
Quand il redescendit, avait couvert le monde;
Il partit; et la vie incertaine et profonde
Emporta vers des jours plus mauvais ou meilleurs,
Vers des événements amoncelés ailleurs,
Cet homme au flanc blessé, ce front sévère où tremble
Une âme en proie au sort, soumise et tout ensemble
Rebelle au dur battant qui la vient tourmenter,
De verre pour gémir, d'airain pour résister

Août 1834.

XXXIII

DANS L'ÉGLISE DE ***

I

C'était une humble église au cintre surbaissé,
    L'église où nous entrâmes ;
Où depuis trois cents ans avaient déjà passé
    Et pleuré bien des âmes.

Elle était triste et calme à la chute du jour,
    L'église où nous entrâmes ;
L'autel sans serviteur, comme un cœur sans amour,
    Avait éteint ses flammes.

Les antiennes du soir, dont autrefois saint Paul
    Réglait les chants fidèles,
Sur les stalles du chœur d'où s'élance leur vol
    Avaient ployé leurs ailes.

L'ardent musicien qui sur tous à pleins bords
    Verse la sympathie,
L'homme-esprit n'était plus dans l'orgue, vaste corps
    Dont l'âme était partie.

La main n'était plus là, qui, vivante et jetant
        Le bruit par tous les pores,
Tout à l'heure pressait le clavier palpitant,
        Plein de notes sonores,

Et les faisait jaillir sous son doigt souverain
        Qui se crispe et s'allonge,
Et ruisseler le long des grands tubes d'airain
        Comme l'eau d'une éponge.

L'orgue majestueux se taisait gravement
        Dans la nef solitaire,
L'orgue, le seul concert, le seul gémissement
        Qui mêle aux cieux la terre !

La seule voix qui puisse, avec le flot dormant
        Et les forêts bénies,
Murmurer ici-bas quelque commencement
        Des choses infinies !

L'église s'endormait à l'heure où tu t'endors,
        O sereine nature !
A peine quelque lampe au fond des corridors
        Etoilait l'ombre obscure.

A peine on entendait flotter quelque soupir,
        Quelque basse parole,
Comme en une forêt qui vient de s'assoupir
        Un dernier oiseau vole ;

Hélas ! et l'on sentait de moment en moment,
        Sous cette voûte sombre,
Quelque chose de grand, de saint et de charmant
        S'évanouir dans l'ombre !

Elle était triste et calme à la chute du jour
    L'église où nous entrâmes ;
L'autel sans serviteur, comme un cœur sans amour,
    Avait éteint ses flammes.

Votre front se pencha, morne et tremblant alors,
    Comme une nef qui sombre,
Tandis qu'on entendait dans la ville au dehors
    Passer des voix sans nombre.

II

Et ces voix qui passaient disaient joyeusement :
    « Bonheur ! gaîté ! délices !
« A nous les coupes d'or pleines d'un vin charmant !
    « A d'autres les calices !

« Jouissons ! l'heure est courte et tout fuit promptement,
    « L'urne est vite remplie !
« Le nœud de l'âme au corps, hélas ! à tout moment
    « Dans l'ombre se délie !

« Tirons de chaque objet ce qu'il a de meilleur,
    « La chaleur de la flamme,
« Le vin du raisin mûr, le parfum de la fleur,
    « Et l'amour de la femme !

« Epuisons tout ! Usons du printemps enchanté
    « Jusqu'au dernier zéphire,
« Du jour jusqu'au dernier rayon, de la beauté
    « Jusqu'au dernier sourire !

« Allons jusqu'á la fin de tout, en bien vivant,
  « D'ivresses en ivresses.
« Une chose qui meurt, mes amis, a souvent
  « De charmantes caresses !

« Dans le vin que je bois, ce que j'aime le mieux
  « C'est la dernière goutte
« L'enivrante saveur du breuvage joyeux
  « Souvent s'y cache toute !

« Sur chaque volupté pourquoi nous hâter tous,
  « Sans plonger dans son onde,
« Pour voir si quelque perle ignorée avant nous
  « N'est pas sous l'eau profonde ?

« Que sert de n'effleurer qu'à peine ce qu'on tient,
  « Quand on a les mains pleines,
« Et de vivre essoufflé comme un enfant qui vient
  « De courir dans les plaines ?

« Jouissons à loisir ! Du loisir tout renaît !
  « Le bonheur nous convie !
« Faisons, comme un tison qu'on heurte au dur chenet,
  « Etinceler la vie !

« N'imitons pas ce fou que l'ennui tient aux fers,
  « Qui pleure et qui s'admire.
« Toujours les plus beaux fruits d'ici-bas sont offerts
  « Aux belles dents du rire !

« Les plus tristes d'ailleurs, comme nous qui rions,
  « Souillent parfois leur âme.
« Pour fondre ces grands cœurs il suffit des rayons
  « De l'or ou de la femme.

« Ils tombent comme nous, malgré leur fol orgueil
  « Et leur vaine amertume;
« Les flots les plus hautains, dès que vient un écueil,
  « S'écroulent en écume !

« Vivons donc ! et buvons, du soir jusqu'au matin,
  « Pour l'oubli de nous-même,
« Et déployons gaiment la nappe du festin,
  « Linceul du chagrin blême !

« L'ombre attachée aux pas du beau plaisir vermeil,
  « C'est la tristesse sombre.
« Marchons les yeux toujours tournés vers le soleil ;
  « Nous ne verrons pas l'ombre !

« Qu'importe le malheur, le deuil, le désespoir,
  « Que projettent nos joies,
« Et que derrière nous quelque chose de noir
  « Se traîne sur nos voies !

« Nous ne le savons pas. — Arrière les douleurs,
  « Et les regrets moroses !
« Faut-il donc, en fanant des couronnes de fleurs,
  « Avoir pitié des roses ?

« Les vrais biens dans ce monde,—et l'autre est importun !
  « C'est tout ce qui nous fête,
« Tout ce qui met un chant, un rayon, un parfum,
  « Autour de notre tête !

« Ce n'est jamais demain, c'est toujours aujourd'hui !
  « C'est la joie et le rire !
« C'est un sein éclatant peut-être plein d'ennui,
  « Qu'on baise et qui soupire !

« C'est l'orgie opulente enviée au dehors,
  « Contente, épanouie,
« Qui rit, et qui chancelle, et qui boit à pleins bords,
  « De flambeaux éblouie! »

III

Et tandis que ces voix, que tout semblait grossir,
  Voix d'une ville entière,
Disaient : Santé, bonheur, joie, orgueil et plaisir !
  Votre œil disait : Prière!

IV

Elles parlaient tout haut, et vous parliez tout bas :
  — « Dieu, qui m'avez fait naître,
« Vous m'avez réservée ici pour des combats
  « Dont je tremble, ô mon maître!

« Ayez pitié! — L'esquif où chancellent mes pas
  « Est sans voile et sans rames.
« Comme pour les enfants, pourquoi n'avez-vous pas
  « Des anges pour les femmes ?

« Je sais que tous nos jours ne sont rien, Dieu tonnant,
  « Devant vos jours sans nombre.
« Vous seul êtes réel, palpable et rayonnant ;
  « Tout le reste est de l'ombre.

« Je le sais. Mais cette ombre où nos cœurs sont flottants,
  « J'y demande ma route.
« Quelqu'un répondra-t-il ? Je prie, et puis j'attends !
  « J'appelle, et puis j'écoute

« Nul ne vient. Seulement par instants, sous mes pas,
    « Je sens d'affreuses trames.
« Comme pour les enfants, pourquoi n'avez-vous pas
    « Des anges pour les femmes?

« Seigneur! autour de moi, ni le foyer joyeux,
    « Ni la famille douce,
« Ni l'orgueilleux palais qui touche presque aux cieux,
    « Ni le nid dans la mousse,

« Ni le fanal pieux qui montre le chemin,
    « Ni pitié, ni tendresse,
« Hélas! ni l'amitié qui nous serre la main,
    « Ni l'amour qui la presse,

« Seigneur, autour de moi rien n'est resté debout!
    « Je pleure et je végète,
 Oubliée au milieu des ruines de tout
    « Comme ce qu'on rejette!

« Pourtant je n'ai rien fait à ce monde d'airain,
    « Vous le savez vous-même.
« Toutes mes actions passent le front serein
    « Devant votre œil suprême.

« Jusqu'à ce que le pauvre en ait pris la moitié,
    « Tout ce que j'ai me pèse.
« Personne ne me plaint. Moi, de tous j'ai pitié.
    « Moi, je souffre et j'apaise!

« Jamais de votre haine ou de votre faveur
    « Je n'ai dit : Que m'importe!
« J'ai toujours au passant que je voyais rêveur
    « Enseigné votre porte,

« Vous le savez. — Pourtant mes pleurs que vous voyez,
    « Seigneur, qui les essuie ?
« Tout se rompt sous ma main, tout tremble sous mes pieds,
    « Tout roule où je m'appuie.

« Ma vie est sans bonheur, mon berceau fut sans jeux.
    « Cette loi, c'est la vôtre !
« Tous les rayons de jour de mon ciel orageux
    « S'en vont l'un après l'autre.

« Je n'ai plus même, hélas ! le flux et le reflux
    « Des clartés et des ombres.
« Mon esprit chaque jour descend de plus en plus
    « Parmi les rêves sombres.

« On dit que sur les cœurs, pleins de trouble et d'effroi,
    « Votre grâce s'épanche,
« Soutenez-moi, Seigneur ! Seigneur, soutenez-moi,
    « Car je sens que tout penche ! »

V

Et moi, je contemplais celle qui priait Dieu
    Dans l'enceinte sacrée,
La trouvant grave et douce et digne du saint lieu,
    Cette belle éplorée.

Et je lui dis, tâchant de ne pas la troubler,
    La pauvre enfant qui pleure,
Si par hasard dans l'ombre elle entendait parler
    Quelque autre voix meilleure,

Car au déclin des ans comme au matin des jours,
    Joie, extase ou martyre,
Un autel que rencontre une femme a toujours
    Quelque chose à lui dire!

VI

« O madame! pourquoi ce chagrin qui vous suit,
    « Pourquoi pleurer encore,
« Vous, femme au cœur charmant, sombre comme la nuit,
    « Douce comme l'aurore?

« Qu'importe que la vie, inégale ici-bas
    « Pour l'homme et pour la femme,
« Se dérobe et soit prête à rompre sous vos pas?
    « N'avez-vous pas votre âme?

« Votre âme qui bientôt fuira peut être ailleurs
    « Vers les régions pures,
« Et vous emportera plus loin que nos douleurs,
    « Plus loin que nos murmures!

« Soyez comme l'oiseau posé pour un instant
    « Sur des rameaux trop frêles,
« Qui sent ployer la branche et qui chante pourtant,
    « Sachant qu'il a des ailes? »

    Octobre 18...

XXXIV

ÉCRIT

SUR LA PREMIÈRE PAGE D'UN PÉTRARQUE

Quand d'une aube d'amour mon âme se colore,
Quand je sens ma pensée, ô chaste amant de Laure,
Loin du souffle glacé d'un vulgaire moqueur,
Eclore feuille à feuille au plus profond du cœur,
Je prends ton livre saint qu'un feu céleste embrase,
Où si souvent murmure à côté de l'extase
La résignation au sourire fatal ;
Ton beau livre, où l'on voit, comme un flot de cristal
Qui sur un sable d'or coule à sa fantaisie,
Tant d'amour ruisseler sur tant de poésie !
Je viens à ta fontaine, ô maître ! et je relis
Tes vers mystérieux par la grâce amollis ;
Doux trésor ! fleur d'amour, qui, dans les bois recluse,
Laisse après cinq cents ans son odeur à Vaucluse !
Et tandis que je lis, rêvant, presque priant,
Celui qui me verrait me verrait souriant,
Car, loin des bruits du monde et des sombres orgies,
Tes pudiques chansons, tes nobles élégies,

Vierges au doux profil, sœurs au regard d'azur,
Passent devant mes yeux, portant sur leur front pur
Dans les sonnets sculptés, comme dans des amphores,
Ton beau style, étoilé de fraîches métaphores !

Octobre 1835.

XXXV

Les autres en tout sens laissent aller leur vie,
Leur âme, leur désir, leur instinct, leur envie.
Tout marche en eux, au gré des choses qui viendront,
L'action sans l'idée et le pied sans le front.
Ils suivent au hasard le projet ou le rêve,
Toute porte qui s'ouvre ou tout vent qui s'élève.
Le présent les absorbe en sa brièveté.
Ils ne seront jamais et n'ont jamais été ;
Ils sont, et voilà tout. Leur esprit flotte et doute.
Ils vont, le voyageur ne tient pas à la route,
Et tout s'efface en eux à mesure, l'ennui
Par la joie, oui par non, hier par aujourd'hui.
Ils vivent jour à jour et pensée à pensée.
Aucune règle au fond de leurs vœux n'est tracée;
Nul accord ne les tient dans ses proportions.
Quand ils pensent une heure, au gré des passions,
Rien de lointain ne vient de derrière leur vie
Retentir dans l'idée à cette heure suivie ;
Et pour leur cœur terni l'amour est sans douleurs,
Le passé sans racines et l'avenir sans fleurs.

Mais vous qui répandez tant de jour sur mon âme,
Vous qui, depuis douze ans, tour à tour ange et femme,

Me soutenant là-haut ou m'aidant ici-bas,
M'avez pris sous votre aile ou calmé dans vos bras;
Vous qui, mettant toujours le cœur dans la parole,
Rendez visible aux yeux, comme un vivant symbole,
Le calme intérieur par la paix du dehors,
La douceur de l'esprit par la santé du corps,
La bonté par la joie, et comme les dieux même
La suprême vertu par la beauté suprême;
Vous, mon phare, mon but, mon pôle, mon aimant;
Tandis que nous flottons à tout événement,
Vous savez que toute âme a sa règle auprès d'elle;
Tout en vous est serein, rayonnant et fidèle,
Vous ne dérangez pas le tout harmonieux,
Et vous êtes ici, comme une sphère aux cieux!
Rien ne se heurte en vous; tout se tient avec grâce,
Votre âme en souriant à votre esprit s'enlace;
Votre vie, où les pleurs se mêlent quelquefois,
Secrète comme un nid qui gémit dans les bois,
Comme un flot lent et sourd qui coule sur des mousses,
Est un concert charmant des choses les plus douces.
Bonté, vertu, beauté, frais sourire, œil de feu,
Toute votre nature est un hymne vers Dieu.
Il semble, en vous voyant si parfaite et si belle,
Qu'une pure musique, égale et solennelle,
De tous vos mouvements se dégage en marchant.
Les autres sont des bruits, vous, vous êtes un chant!

Octobre 18...

XXXVI

Toi ! sois bénie à jamais !
Eve qu'aucun fruit ne tente !
Qui de la vertu contente
Habites les purs sommets !
Ame sans tache et sans rides,
Baignant tes ailes candides,
A l'ombre et bien loin des yeux,
Dans un flot mystérieux,
Moiré de reflets splendides !

Sais-tu ce qu'en te voyant
L'indigent dit quand tu passes ?
— « Voici le front plein de grâces
Qui sourit au suppliant !
Notre infortune la touche.
Elle incline à notre couche
Un visage radieux ;
Et les mots mélodieux
Sortent charmants de sa bouche ! »

Sais-tu, les yeux vers le ciel,
Ce que dit la pauvre veuve ?
— « Un ange au fiel qui m'abreuve
Est venu mêler son miel.
Comme à l'herbe la rosée

Sur ma misère épuisée
Ses bienfaits sont descendus.
Nos cœurs se sont entendus,
Elle heureuse, et moi brisée !

J'ai senti que rien d'impur
Dans sa gaîté ne se noie,
Et que son front a la joie
Comme le ciel a l'azur.
Son œil de même a su lire
Que le deuil qui me déchire
N'a que de saintes douleurs.
Comme elle a compris mes pleurs,
Moi, j'ai compris son sourire ! » —

Pour parler des orphelins,
Quand, près du foyer qui tremble,
Dans mes genoux je rassemble
Tes enfants de ton cœur pleins ;
Quand je leur dis l'hiver sombre,
La faim, et les maux sans nombre
Des petits abandonnés,
Et qu'à peine sont-ils nés
Qu'ils s'en vont pieds nus dans l'ombre ;

Tandis que, silencieux,
Le groupe écoute et soupire,
Sais-tu ce que semblent dire
Leurs yeux pareils à tes yeux ?
— « Vous qui n'avez rien sur terre,
Venez chez nous ! pour vous plaire
Nous nous empresserons tous ;
Et vous aurez comme nous
Votre part de notre mère ! » —

Sais-tu ce que dit mon cœur?
— « Elle est indulgente et douce,
Et sa lèvre ne repousse
Aucune amère liqueur.
Mère pareille à sa fille,
Elle luit dans ma famille
Sur mon front que l'ombre atteint.
Le front se ride et s'éteint,
La couronne toujours brille ! » —

Au-dessus des passions,
Au-dessus de la colère,
Ton noble esprit ne sait faire
Que de nobles actions.
Quand jusqu'à nous tu te penches,
C'est ainsi que tu t'épanches
Sur nos cœurs que tu soumets.
D'un cygne il ne peut jamais
Tomber que des plumes blanches !

Octobre 18.

XXXVII

A MADEMOISELLE LOUISE B.

I

L'année en s'enfuyant par l'année est suivie.
Encore une qui meurt! encore un pas du temps;
Encore une limite atteinte dans la vie!
Encore un sombre hiver jeté sur nos printemps!

Le temps! les ans! les jours! mots que la foule ignore :
Mots profonds qu'elle croit à d'autres mots pareils!
Quand l'heure tout à coup lève sa voix sonore,
Combien peu de mortels écoutent ses conseils!

L'homme les use, hélas! ces fugitives heures,
En folle passion, en folle volupté,
Et croit que Dieu n'a pas fait de choses meilleures
Que les chants, les banquets, le rire et la beauté!

Son temps dans les plaisirs s'en va sans qu'il y pense.
Imprudent! est-il sûr de demain? d'aujourd'hui?
En dépensant ses jours, sait-il ce qu'il dépense?
Le nombre en est compté par un autre que lui.

A peine lui vient-il une grave pensée
Quand, au fond d'un festin qui satisfait ses vœux,
Ivre, il voit tout à coup de sa tête affaissée
Tomber en même temps les fleurs et les cheveux ;

Quand ses projets hâtifs l'un sur l'autre s'écroulent ;
Quand ses illusions meurent à son côté;
Quand il sent le niveau de ses jours qui s'écoulent,
Baisser rapidement comme un torrent d'été.

Alors en chancelant il s'écrie, il réclame,
Il dit : Ai-je donc bu toute cette liqueur?
Plus de vin pour ma soif! plus d'amour pour mon âme!
Qui donc vide à la fois et ma coupe et mon cœur?

Mais rien ne lui répond. — Et triste, et le front blême,
De ses débiles mains, de son souffle glacé,
Vainement il remue, en s'y cherchant lui-même,
Ce tas de cendre éteint qu'on nomme le passé.

II

Ainsi nous allons tous. — Mais vous dont l'âme est forte,
Vous dont le cœur est grand, vous dites :—Que m'importe
  Si le temps fuit toujours,
Et si toujours un souffle emporte quand il passe,
Pêle-mêle à travers la durée et l'espace,
  Les hommes et les jours! —

Car vous avez le goût de ce qui seul peut vivre;
Sur Dante et sur Mozart, sur la note et le livre,
  Votre front est courbé.
Car vous avez l'amour des choses immortelles;

Rien de ce que le temps emporte sur ses ailes
    Des vôtres n'est tombé !

Quelquefois, quand l'esprit vous presse et vous réclame,
Une musique en feu s'échappe de votre âme,
    Musique aux chants vainqueurs,
Au souffle pur, plus doux que l'aile des zéphires,
Qui palpite et qui fait vibrer comme des lyres
    Les fibres de nos cœurs !

Dans ce siècle où l'éclair reluit sur cháque tête,
Où le monde, jeté de tempête en tempête,
    S'écrie avec frayeur,
Vous avez su vous faire, en la nuit qui redouble,
Une sérénité qui traverse sans trouble
    L'orage extérieur !

Soyez toujours ainsi ! l'amour d'une famille ;
Le centre autour duquel tout gravite et tout brille ;
    La sœur qui nous défend ;
Prodigue d'indulgence et de blâme économe ;
Femme au cœur grave et doux ; sérieuse avec l'homme,
    Folâtre avec l'enfant !

Car pour garder toujours la beauté de son âme,
Pour se remplir le cœur, riche ou pauvre, homme ou femme,
    De pensers bienveillants,
Vous avez ce qu'on peut, après Dieu, sur la terre,
Contempler de plus saint et de plus salutaire,
    Un père en cheveux blancs !

31 décembre 1831.

XXXVIII

A MADEMOISELLE LOUISE B.

QUE NOUS AVONS LE DOUTE EN NOUS

De nos jours,—plaignez-nous, vous, douce et noble femme !
L'intérieur de l'homme offre un sombre tableau.
Un serpent est visible en la source de l'eau,
Et l'incrédulité rampe au fond de notre âme.

Vous qui n'avez jamais de sourire moqueur
Pour les accablements dont une âme est troublée,
Vous qui vivez sereine, attentive et voilée,
Homme par la pensée et femme par le cœur,

Si vous me demandez, vous muse, à moi poëte,
D'où vient qu'un rêve obscur semble agiter mes jours,
Que mon front est couvert d'ombres, et que toujours,
Comme un rameau dans l'air ma vie est inquiète ;

Pourquoi je cherche un sens au murmure des vents ;
Pourquoi souvent, morose et pensif dès la veille,

Quand l'horizon blanchit à peine, je m'éveille
Même avant les oiseaux, même avant les enfants;

Et pourquoi, quand la brume a déchiré ses voiles,
Comme dans un palais dont je ferais le tour,
Je vais dans le vallon, contemplant tour à tour
Et le tapis de fleurs et le plafond d'étoiles?

Je vous dirai qu'en moi je porte un ennemi,
Le doute ! qui m'emmène errer dans le bois sombre,
Spectre myope et sourd, qui, fait de jour et d'ombre,
Montre et cache à la fois toute chose à demi !

Je vous dirai qu'en moi j'interroge à toute heure
Un instinct qui bégaye en mes sens prisonnier,
Près du besoin de croire un désir de nier,
Et l'esprit qui ricane auprès du cœur qui pleure !

Aussi vous me voyez souvent parlant tout bas;
Et comme un mendiant, à la bouche affamée,
Qui rêve assis devant une porte fermée,
On dirait que j'attends quelqu'un qui n'ouvre pas.

Le doute! mot funèbre et qu'en lettres de flammes
Je vois écrit partout, dans l'aube, dans l'éclair,
Dans l'azur de ce ciel, mystérieux et clair,
Transparent pour les yeux, impénétrable aux âmes !

C'est notre mal à nous, enfants des passions
Dont l'esprit n'atteint pas votre calme sublime;
A nous dont le berceau, risqué sur un abîme,
Vogua sur le flot noir des révolutions.

Les superstitions, ces hideuses vipères,
Fourmillent sous nos fronts où tout germe est flétri.

Nous portons dans nos cœurs le cadavre pourri
De la religion qui vivait dans nos pères.

Voilà pourquoi je vais triste et réfléchissant.
Pourquoi souvent, la nuit, je regarde et j'écoute,
Solitaire, et marchant au hasard sur la route
A l'heure où le passant semble étrange au passant.

———

Heureux qui peut aimer, et qui, dans la nuit noire,
Tout en cherchant la foi, peut rencontrer l'amour !
Il a du moins la lampe en attendant le jour.
Heureux ce cœur ! Aimer, c'est la moitié de croire.

Octobre 1834

XXXIX

DATE LILIA

Oh! si vous rencontrez quelque part sous les cieux
Une femme au front pur, au pas grave, aux doux yeux,
Que suivent quatre enfants dont le dernier chancelle,
Les surveillant bien tous, et, s'il passe auprès d'elle
Quelque aveugle indigent que l'âge appesantit,
Mettant une humble aumône aux mains du plus petit;
Si, quand la diatribe autour d'un nom s'élance,
Vous voyez une femme écouter en silence,
Et douter, puis vous dire : — Attendons pour juger.
Quel est celui de nous qu'on ne pourrait charger?
On est prompt à ternir les choses les plus belles.
La louange est sans pieds et le blâme a des ailes. —
Si, lorsqu'un souvenir, ou peut-être un remords,
Ou le hasard vous mène à la cité des morts,
Vous voyez, au détour d'une secrète allée,
Prier sur un tombeau dont la route est foulée,
Seul avec des enfants, un être gracieux
Qui pleure en souriant comme l'on pleure aux cieux;
Si de ce sein brisé la douleur et l'extase
S'épanchent comme l'eau des fêlures d'un vase,
Si rien d'humain ne reste à cet ange éploré;
Si, terni par le deuil, son œil chaste et sacré,

Bien plus levé là-haut que baissé vers la tombe,
Avec tant de regret sur la terre retombe
Qu'on dirait que son cœur n'a pas encor choisi
Entre sa mère au ciel et ses enfants ici ;

Quand, vers Pâque ou Noël, l'église, aux nuits tombantes,
S'emplit de pas confus et de cires flambantes,
Quand la fumée en flots déborde aux encensoirs
Comme la blanche écume aux lèvres des pressoirs,
Quand au milieu des chants d'hommes, d'enfants, de fem-
Une âme selon Dieu sort de toutes ces âmes,   [mes,
Si, loin des feux, des voix, des bruits et des splendeurs,
Dans un repli perdu parmi les profondeurs,
Sur quatre jeunes fronts groupés près du mur sombre,
Vous voyez se pencher un regard voilé d'ombre
Où se mêle, plus doux encor que solennel,
Le rayon virginal au rayon maternel ;

Oh ! qui que vous soyez, bénissez-la. C'est elle !
La sœur, visible aux yeux, de mon âme immortelle !
Mon orgueil, mon espoir, mon abri, mon recours !
Toit de mes jeunes ans qu'espèrent mes vieux jours !

C'est elle! la vertu sur ma tête penchée;
La figure d'albâtre en ma maison cachée ;
L'arbre qui, sur la route où je marche à pas lourds,
Verse des fruits souvent et de l'ombre toujours ;
La femme dont ma joie est le bonheur suprême ;
Qui, si nous chancelons, ses enfants ou moi-même,
Sans parole sévère et sans regard moqueur,
Les soutient de la main et me soutient du cœur ;
Celle qui, lorsqu'au mal, pensif, je m'abandonne,
Seule peut me punir et seule me pardonne ;
Qui de mes propres torts me console et m'absout ;

A qui j'ai dit : Toujours! et qui m'a dit : Partout!
Elle! tout dans un mot! c'est dans ma froide brume
Une fleur de beauté que la bonté parfume!
D'une double nature hymen mystérieux!
La fleur est de la terre et le parfum des cieux.

18...

FIN DES CHANTS DU CRÉPUSCULE.

TABLE.

LES FEUILLES D'AUTOMNE.

Préface...	3
I. Ce siècle avait deux ans............................	11
II. A Louis B..	14
III. Rêverie d'un passant a propos d'un roi....	18
IV. Que t'importe, mon cœur........................	22
V. Ce qu'on entend sur la montagne............	24
VI. A un voyageur.......................................	27
VII. Dicté en présence du glacier du Rhône....	31
VIII. A monsieur David, statuaire..................	34
IX. A monsieur de Lamartine........................	38
X. Un jour au mont Atlas.............................	47
XI. Dédain...	48
XII. O toi, qui si longtemps.........................	51
XIII. A monsieur Fontaney...........................	53
XIV. O mes lettres d'amour..........................	54
XV. Laissez. — Tous ces enfants..................	56
XVI. Quand le livre où s'endort....................	60
XVII. Oh! pourquoi te cacher?......................	61
XVIII. Où donc est le bonheur?.....................	64
XIX. Lorsque l'enfant paraît.........................	66
XX. Dans l'alcôve sombre............................	69
XXI. Parfois, lorsque tout dort.....................	72
XXII. A une femme......................................	73
XXIII. Oh! qui que vous soyez......................	74
XXIV. Madame, autour de vous....................	76
XXV. Contempler dans son bain...................	77

XXVI. Vois, cette branche est rude............... 79
XXVII. A mes amis L. B. et S. B.................. 80
XXVIII. A mes amis S. B. et L. B.................. 84
XXIX. La pente de la rêverie................. 86
XXX. Souvenir d'enfance..................... 91
XXXI. A madame Marie M..................... 96
XXXII. Pour les pauvres..................... 98
XXXIII. A***, trappiste a la Meilleraye.......... 101
XXXIV. Bièvre. — A mademoiselle louise B....... 102
XXXV. Soleils couchants..................... 106
XXXVI. Un jour vient où soudain................. 112
XXXVII. La prière pour tous.................... 114
XXXVIII. Pan................................ 130
XXXIX. Avant que mes chansons.................. 133
XL. Amis! un dernier mot.................... 134

LES CHANTS DU CRÉPUSCULE.

Préface.. 139
Prélude... 141
 I. Dicté après juillet 1830................. 145
 II. A la colonne........................... 155
 III. Hymne................................ 164
 IV. Noces et festins...................... 166
 V. Napoléon II........................... 170
 VI. Sur le bal de l'hôtel-de-ville.......... 178
 VII. O Dieu! si vous avez la France sous vos ailes. 180
 VIII. A Canaris............................ 181
 IX. Seule au pied de la tour............... 184
 X. A l'homme qui a livré une femme......... 185
 XI. A monsieur le duc d'O.................. 188
 XII. A Canaris............................ 190
 XIII. Il n'avait pas vingt ans............. 194
 XIV. Oh! n'insultez jamais................. 199

XV. Conseil...	200
XVI. Le grand homme vaincu...	206
XVII. A Alphonse Rabbe...	207
XVIII. Envoi des feuilles d'automne a madame ***..	212
XIX. Anacréon, poëte...	214
XX. L'aurore s'allume...	215
XXI. Hier la nuit d'été...	220
XXII. Nouvelle chanson sur un vieil air...	222
XXIII. Autre chanson...	224
XXIV. Oh! pour remplir de moi...	226
XXV. Puisque j'ai mis ma lèvre...	228
XXVI. A mademoiselle J...	229
XXVII. La pauvre fleur...	234
XXVIII. Au bord de la mer...	236
XXIX. Puisque nos heures sont remplies...	240
XXX. Espoir en dieu...	243
XXXI. Puisque mai tout en fleurs...	244
XXXII. A Louis B...	245
XXXIII. Dans l'église de***...	253
XXXIV. Écrit sur la première page d'un Pétrarque.	262
XXXV. Les autres en tous sens...	264
XXXVI. Toi! sois bénie à jamais...	266
XXXVII. A mademoiselle Louise B...	269
XXXVIII. Que nous avons le doute en nous. — A mademoiselle Louise B...	272
XXXIX. Date lilia...	275

FIN DE LA TABLE.

Ch. Lahure, imprimeur du Sénat et de la Cour de Cassation,
rue de Vaugirard, 9, près de l'Odéon.

TYPOGRAPHIE DE CH. LAHURE
Imprimeur du Sénat et de la Cour de Cassation
rue de Vaugirard, 9

www.ingramcontent.com/pod-product-compliance
Lightning Source LLC
Chambersburg PA
CBHW050643170426
43200CB00008B/1130